偉人たちの生と死のカルテ

古井倫士

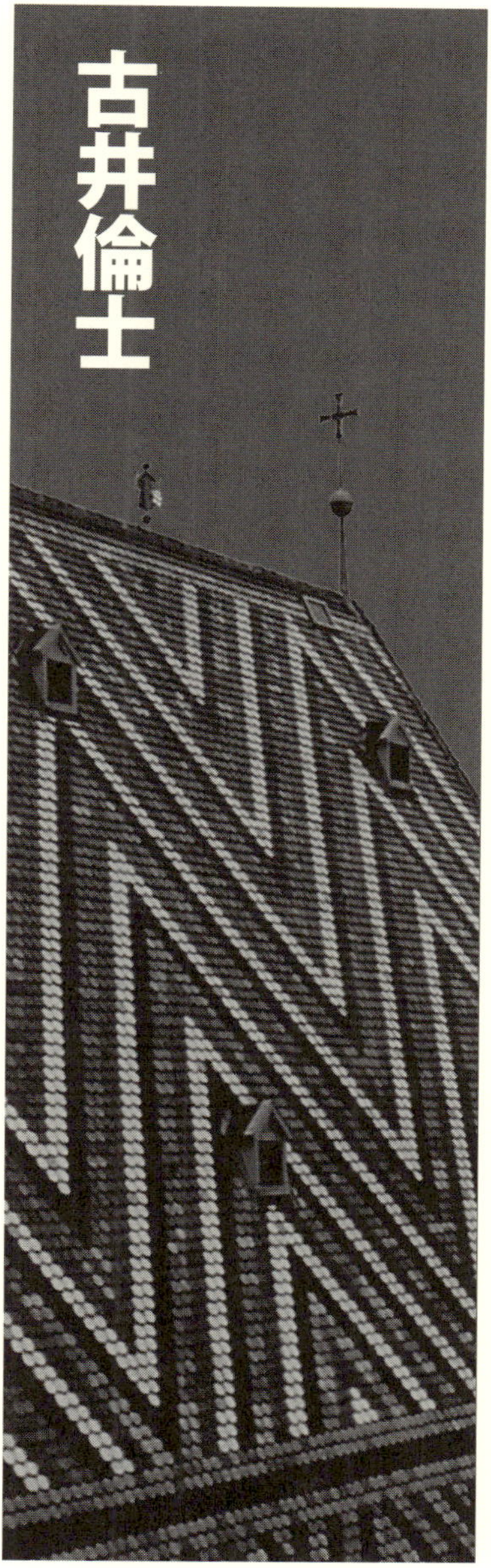

黎明書房

まえがき

患者さんが外来を訪れると、まず問診が行われる。気になる症状はどんなものでいつからなのか（現病歴《げんびょうれき》）、これまでになにか病気に罹《かか》ったことはないのか（既往歴《きおうれき》）などが聴かれる。遺伝や感染といった要因が疑われれば家族で病気に苦しんだものがいないか（家族歴）も質問される。付き添いもなく救急車で担ぎ込まれるような場合は、意識はあるのか、傷はないのか、呼吸は規則的なのか、心臓は動いているのか、などと全身状態を把握する視診から始まる。症状の経過、そして全身の状態がわかれば触診や聴診が行われる。その状態（現症《げんしょう》）を掴《つか》み、おおよその病気が推測できた段階でレントゲン撮影、超音波検査、血液検査などが行われる。これらから得られた情報は医師が様式の決まった紙面に記録する。最近はワープロでコンピュータ内に書き込まれる。薬の処方が必要であれば、処方箋が発行され、それも記録される。

より複雑な検査、継続的な治療あるいは手術が必要と判断されれば入院が勧められることになる。入院中の検査や治療、それらの結果や経過についても外来診療と同じように医師はそのたびに詳細を記録する。

このように診療を担当した医師は患者さんから得られた情報を記録する。それがカルテ、日本語でいう診療録である。

では、偉人と呼ばれもする歴史上の人物たちをいま診察するとすればどんな調子のカルテになるのだろう。そんな発想で綴ったのが本書である。むろん、本物のカルテというわけにはいかない。遺された資料や書物を参考にしてまとめたカルテ風の伝記である。

偉人伝はそれぞれ得手とする分野で歴史的に意義のある業績を遺した人物の伝記である。読者はそれらの業績がいかなる才能と努力によって生み出されたのかを知って感嘆し、ときにはみずからの人生の平凡さに嘆息もする。しかし、偉人といえどもヒトである以上はあたりまえに病と無縁ではいられない。彼らが病とどのように向き合い、人生を全うしたのか。医学を生業としてきた著者の興味に沿って、原則として項目それぞれを二話一類様式でまとめてみた。無断で症例にされてしまった偉人たちには歴史の流れをもってお許し願うことにする。

目次

目　次

作曲家——ウィーンに眠る

ベートーヴェン（一七七〇～一八二七年）
シューベルト（一七九七～一八二八年）
モーツァルト（一七五六～一七九一年）

クラシック音楽の作曲家をひとり挙げよといわれれば、多くの人がベートーヴェンの名前を思い浮かべるのではないだろうか。欧米ではそれぞれ自国の誇る人物がいて事情は異なるかもしれないが、わが国では年末になると恒例行事のごとく交響曲第九番のなかの「歓喜の歌」が唱われもして、最も著名な作曲家といえば彼ということになるような気がする。

読者も承知のことだろうが、彼は音楽家として欠かすことのできない聴力を人生の半ばで失う。画家が視力を無くし、料理人が味覚を欠き、政治家が口をきけなくなったようなものである。それでも作曲を続け、数々の名曲を世に送り出す。勇壮な作風に加え、そんな劇的な境遇が彼の人気を一段と高めているのかもしれない。

ベートーヴェンが聴力の異常に気づいたのは一七九八年二十七歳のころだろうといわれている。最初のころは演奏や作曲にはほとんど障害にはならないものの、「会話で相手の声は聞こえるのだが、絶えず続く耳鳴りのために言葉が聞きとれない。かといって誰かが大声をあげたりすると堪えがたい」状態であった。左の聴力から始まって、十年後にはほぼ完全な聾《ろう》になり、絶望した彼は自殺すら考えることになる。

失聴の原因としていろいろな説が唱えられているが、そのなかで最も可能性が高いといわれるのは耳硬化症《じこうかしょう》という病気である。これは鼓膜の振動を聴神経に伝える三つの耳小骨《じしょうこつ》のひとつであるあぶみ骨の動きが鈍くなって徐々に聴力が損なわれていくもので、東洋人に少ないためわれわれ日本人にはやや馴染みが薄いものの、西洋人ではそれほどめずらしくない。著者などが失聴の原因として最初に思いつくのは突発性難聴という病気なのだが、その場合の聴力低下は病名からわかるように突然起こるのが特徴であって、それも多くの場合は片側に限られる。一方、耳硬化症のほとんどは進行する聴力障害が両側性に起こる。

話が少し専門的になるのだが、耳硬化症による難聴は伝音性である。脳に音の信号を伝える聴神経そのものが損なわれるわけではないので、耳小骨が働かなくても、音声に反応して微妙に振動する頭蓋骨を経由することによって音の信号は脳に伝わりうる。これに対して、突発性難聴は耳小骨より奥の組織が損なわれるので難聴は感音性となり、頭蓋骨の振動は信号として脳に到達しない。ベートーヴェンはメトロノームを普及させたヨーハン・メルツェルの作った補聴器を使ったり、歯で噛んだ木の棒を共鳴板にあててピアノの音を感じとろうとしたという。それらの工夫が功を奏したとすれば、彼の難聴は伝音性であった可能性が考えられ、突発性難聴よりは耳硬化症に罹《かか》っていたと推測するほうが理屈にあう。

難聴という宿痾《しゅくあ》にもかかわらずベートーヴェンは多くの名曲を遺す。『英雄』『運命』『田園』など九つの交響曲はみな聴力を損なってからの作品である。そして、一八二七年、五十六歳で亡くなる。死因は肝硬変だといわれている。

一八一〇年代の後半からベートーヴェンはカタル症状に苦しむ。カタル症状が何を指すのかはっきりしないのだが、おそらくは下痢や腹痛などのことであろう。そして一八二一年には黄《おう》疸《だん》を起こす。このことを彼はあるていど予測していたらしく、「……以前からだいぶ悪かったのですが、私にとって最もいやな病気、とうとう黄疸になってしまいました……」と手紙に書いている。黄疸はいったん消退するものの、その後いくどか繰り返され、一八二六年には腹部に腫脹《しゅちょう》が現われる。腹水が溜ってきたのである。これを排除すべく主治医たちによって腹部の穿刺《せんし》が試みられるが、その功もなく一八二七年にはいよいよ病状は悪化し、その年の春、弟ヨーハンに看取られながらこの世の舞台を去る。死の数日まえには有名な言葉、「友よ、喝采を。喜劇は終わった」と会話帳に記し、死の間際にはあたかも指揮するがごとく右手を掲げ、拳を握ったという。

彼は死の翌日にウィーンの解剖学研究所の病理医によって私的に検死解剖される。それによると、腹水は八リットル溜り、肝臓は通常の半分ほどの大きさに縮み、脾臓《ひぞう》は肥大していたという。いずれも肝硬変の特徴的な病理所見である。

これらの経過からベートーヴェンの死因が肝硬変であったというのはまず間違いないのだが、肝硬変は短期間に起こる病気ではないため長期に及ぶ何らかの下地があったはずで、これについてははっきりしていない。

ベートーヴェンは父親ゆずりでワインを好んで飲んでいたので、当時の病理医は長期にわたるアルコールの摂取がついには肝硬変に至った原因であろうと推測している。あとでも言及するように当時はまだウイルス性の肝炎の存在が知られておらず、病理医たちの見解は無理からぬところだが、彼の飲酒がアルコール中毒を引き起こすほど人並みはずれていたという確証あってのことではない。

最近になってベートーヴェンの遺髪から鉛成分が通常の四十倍もの高濃度に検出されたという報告がなされ、死因を推測するよりどころとして注目されている。いつだったかわが国でも輸入ワインに鉛が含まれているとして社会問題になったことがあった。いまはそんなことはなくなったはずだが、それまでは安物のワインのいくつかには甘味剤として酢酸鉛が添加されていた。ベートーヴェンもそんな種類のワインを嗜好していたかもしれない。そうだとすれば鉛中毒によって肝臓の機能が障害されていったのではないかという推測が成り立つのである。

鉛中毒は小腸の痙攣《けいれん》によって腹痛を起こすことが知られているので、まえに述べたカタル症状の説明にもなる。ただ、鉛中毒の症状はほかにも貧血や手足の末梢神経の麻痺などがあって、ベートーヴェンがそれらに苦しんだという記録はない。また、鉛中毒が肝臓の働きを損なうことはありえても、肝硬変まで引き起こすものかどうかはわかっていない。

現代の知識では肝硬変はおよそ五十%がC型ウイルスによる肝炎、二十%がB型ウイルスによる肝炎、十%ほどがアルコールの長期摂取を原因として起こるとされている。十九世紀にはまだC型やB型といったウイルスは存在すら疑われておらず、当然のことながら疫学的な比較はできないのだが、ウイルス性肝炎という病気がなかったわけではないだろう。常識的なところとして、その進行が肝硬変に繋《つな》がった可能性も指摘しておく必要があろうかと思う。

芸術は時代を画するものであればあるほど、評価には時間が費やされ、それを生み出した人物は死後になって評価されるのが常のなか、ベートーヴェンは幸運にも生前から名声をわがものにしていて、葬儀には二万とも三万ともいわれるウィーン市民が参列したという。そのなかには『野ばら』や『子守唄』の作者としてクラシック愛好家以外にも親しみのあるシューベルトが棺の周りで松明をもつ三十八人の侍者のひとりとして葬列に加わっていた。

シューベルトが二十七歳年長のベートーヴェンに心酔していたことはよく知られており、自作の変奏曲を贈呈したり、好んでベートーヴェンの行きつけの居酒屋やサロンに足を運んだという。葬儀に参列したあとにも友人たちと居酒屋に行き、ワイングラスを掲げ「われわれの不滅のベートーヴェンを偲んで」と献杯し、さらに「われわれ三人のなかで最初にベートーヴェンに続く者のために」と二杯目を口にしたと伝えられている。

ベートーヴェンも彼の才能を認めていたようで、死の床で「シューベルトには本当に神の火が宿っている」と評したといわれる。しかし、女神ミューズの心変わりによるものか、シューベルトは楽聖の後継者になるべく活躍する時間を与えられることなく、一八二八年の冬に三十一歳でこの世の楽界から退場する。

彼は二十代のころから、しばしば全身に赤い発疹が出たり、髪が抜けてかつらを着用することがあったといわれている。それらは梅毒の第二期（感染三ヵ月から三年ほど）の症状を思わせるもので、独身の彼も悪所通いによって感染していたのだろうと推測されている。梅毒がヨーロッパに広まったのは十五世紀末であるから、十九世紀には医師だけでなく一般人もそれについてあるていどの知識はあり、シューベルトも不名誉の誹《そし》りを怖れてなのか、症状の現われているときは外出を控えていたようだ。

この梅毒が彼を死に追いやったとする説がある。しかし、そうだとすると感染から十年に満たない期間での死亡はやや早すぎる。ヨーロッパに蔓延《まんえん》したころの梅毒は急激に悪化して命を脅かす性質のものであったが、この時代には菌の病原性の変化によってゆっくりした経過をとることが多くなっていたとされている。少々短絡的な梅毒説よりも次に述べる腸チフスを死因とする説のほうが一般的である。

シューベルトは死の二～三週間まえから発熱と吐き気に襲われ始め、これを繰り返すうちに意識が混濁していく。それらは当時ヨーロッパにおいて風土病として怖れられていた腸チフスの症状に一致しており、主治医たちもその罹患《りかん》を疑って治療に当たっていたとされる。ただ、当時は発熱と意識の混濁が見られるとだいたいの場合にこの病名が当てはめられたというので、こんにちいうところの腸チフスとは別の感染症であった可能性は残る。チフス菌が発見されるのは一八八〇年のことである。

死の前日、譫妄《せんもう》状態となったシューベルトは自分の寝室に臥している状況を傍らにいる兄フェルディナンドに宥《なだ》められても、「違う。ここにはベートーヴェンが眠っていない」と言い張ったという。遺体は住居近くの墓地を安住の地とするはずであったが、死に瀕して幻覚を見るほどにベートーヴェンを崇拝していた弟のこころを惻隠《そくいん》するフェルディナンドの采配によってウィーンのヴェーリング区にあったベートーヴェンの墓の隣に埋葬された。

それから三十五年後の一八六三年にベートーヴェンとシューベルトふたりの遺体は保存のため金属製の棺に納めなおされ、一八八八年にはウィーン中央墓地に立つモーツァルト記念碑の両脇に移葬される。

ふたりの墓標に挟まれたモーツァルトの記念碑は一八五九年に建てられたもので、そこに彼の遺体はない。三十五歳の生涯を終えた彼はウィーン郊外の墓地に埋葬されるが、現在その正確な場所はわかっていない。

モーツァルトは幼少期から天才的作曲家としていったんは名声を得るものの、時代を先取りした作品を発表するようになったのがかえって不評を招いて次第に収入は減り、加えて愛妻コンスタンツェの浪費癖もあって、晩年の家計は困窮状態にあった。そのため、葬儀は後援者ヴァン・スヴィーテン男爵の意向に沿ってウィーン市の決めた三等級で質素に行われた。三等級は極貧者用の無料に次ぐランクで、会葬者は墓地の外門までしか同行できない決まりであったため、正確な墓地の場所は次第に人々の記憶から消えてしまったのである。

モーツァルトの死については毒殺されたという説がある。体調の悪化から十五日ていどの短い期間に死亡したため、当時のマスコミがそんな憶測を記事にしたのがそもそもの発端のようだが、のちに妻コンスタンツェの再婚相手ニッセンやイギリスの音楽出版家ノベロによって著わされた彼の伝記のなかにコンスタンツェの証言としてモーツァルトは生前に「……僕はもう長くはない……。毒を盛られたのだ……」とか「私は死ぬことが分かっている。誰かがヒ素を盛り……」などと語っていたとするくだりがあったため、のちのちまで人々の興味をそそる説として残ることになった。

また、ベートーヴェンの会話帳にも一八二四年に秘書のような存在であったシンドラーから「サリエリは重篤だそうです。彼がモーツァルトを殺したのだ、彼が毒をのませたのだって繰り返しいっているそうです」と聴かされたとある。サリエリとはハプスブルク家の信任を得てウィーンの宮廷楽長としてオーストリア帝国の音楽界を一手に采配していた人物で、彼がモーツァルトの才能を妬《ねた》んで毒を盛ったという噂が巷間《こうかん》に流れていたのである。

映画化もされ読者の記憶に新しいところと思うが、『アマデウス』もそんな噂をもとにして著わされたものである。これが真実なら週刊誌的には面白いかもしれないのだが、確たる証拠あっての説ではない。会話帳に記されたサリエリの独白に関しても、それが根拠となって司直の手が動いたといった類いの記録は遺っていない。

いったいモーツァルトはどのような病状で亡くなったのだろうか。葬儀の行われた教会に検死記録が遺されていて、そこには〝粟粒疹熱《ぞくりゅうしんねつ》による死亡〟とある。素直にこの記述を信じれば、熱が高く、皮膚には発疹が出た状態で臥せっていたことになる。死の二週間ほどまえからそれらの症状が現われ、コンスタンツェの妹ゾフィーの語ったところによると、「死の数日まえには全身が腫れて寝返りもうてなくなった」という。そんな病状から死因については次のように説明されることが多い。

モーツァルトは神童であったがため、体力の弱い幼いころからヨーロッパ各地を旅する生活を強いられ、しばしば体調を崩して、熱を出したり、関節の痛みを訴えた。皮膚に発疹が出ることもあった。それらの症状は当時流行していたリウマチ熱を思わせるもので、成人まえにモーツァルトもこれに冒されていた可能性が高い。リウマチ熱は小児期に罹りやすく、関節や心臓、ときには腎臓にも炎症を起こす病気で、連鎖球菌という細菌の感染がきっかけになって発症する。現在なら、抗生物質の投与によって治療しうるが、ペニシリンの発見されたのが一世紀以上のちの一九二八年のことで、十八世紀にはまだ流行病のひとつであった。死の数日まえに出現した全身の浮腫《ふしゅ》はこのリウマチ熱が再燃して腎臓あるいは心臓の機能が急速に損なわれたためと推測することができる。著者もこのあたりが常識的な推理であろうと思う。

ところが、リウマチ熱に原因を求めなくてもまえに述べた病状は矛盾なく説明できると唱える説がほかにもある。撲殺されたというのだ。

モーツァルトは一七九一年の十二月五日の深夜に亡くなるのだが、その翌日にフランツ・ホーフデーメルという人物が剃刀で妻を傷つけ、みずからも喉を切って自殺するという事件が起こる。彼の妻はモーツァルトにピアノのレッスンを受けており、ホーフデーメルはふたりの不倫を疑い、事件はその果ての刃傷沙汰であったという噂がウィーンの街を駆け巡る。彼の妻は妊娠五カ月の身重で、父親はモーツァルトなのではないかとも囁《ささや》かれる。

この事件の起こる数日まえ、おそらく十二月三日ごろだろうというのだが、怒りに燃えたホーフデーメルがステッキを手にしてモーツァルトを襲った。百五十センチそこそこの小柄なモーツァルトはなすすべもなく打ちのめされ、必死で家に辿《たど》り着くものの、あちこちに赤あざをつくり、「全身が水ぶくれで寝返りすらできない」状態となり、翌々日に死亡したというのである。

モーツァルトが死の床に臥せたのは約二週間であったというのは伝記上の記述によるもので、実際のところはよくわかっていないし、最期まで付き添った義理の妹ゾフィーも死の数日まえの状態についてしか語っていない。それは全身打撲から日ならずして死亡してしまったからだろうという。

毒殺説に劣らず少々下世話な感じがするのだが、妙に辻褄《つじつま》が合っているようにも思える説である。しかし、疑問もある。治療にあたった医師が打撲症を通常の病気と間違うだろうか。いくら十九世紀の医師であってもそんな誤診をするとは考えられない。この点に関して撲殺説は宮廷音楽家であったモーツァルトのスキャンダルを隠蔽《いんぺい》すべく医師に十分な診察をさせなかったと主張する。ベートーヴェンのような検死解剖も避け、採ったはずのデスマスクの紛失や墓碑の不明も葬儀を采配したヴァン・スヴィーテン男爵の故意だと説明する。

クラシック音楽愛好家による短絡的だとの批判を覚悟してのことだが、ベートーヴェンの作風は勇壮、シューベルトのは柔和である。これらに対してモーツァルトのそれはひとことでは評しにくい。死因が決しにくいのも彼の個性なるがゆえなのだろうか。

画家——われわれは何者か？

ゴッホ（一八五三〜一八九〇年）
ゴーギャン（一八四八〜一九〇三年）

ゴッホの『ひまわり』を日本の保険会社が五十八億円もの高額で落札したと話題になったことがあった。貧富の差なく多くの日本人がバブル景気に踊っていた三十年近くまえのできごとである。ゴッホには浮世絵にみる日本をみずからの理想郷に重ね合わせた時期があり、彼の憧憬《しょうけい》する「……賢く哲学的で知的な人物……」日本人が自作の価値をそんな高額をして認めてくれたと知ったらどんな感想をもっただろう。日本に移住したいと言い出したかもしれない。ちなみにゴッホの『ひまわり』は一枚だけでなく、全部で七点あり、それぞれ描かれたひまわりの本数で区別されていて、落札された『ひまわり』は『十五本のひまわり』というらしい。

このように、いまでこそフィンセント・ファン・ゴッホの作品は印象派から脱した新たな芸術として高く評価されているのだが、生前にはほとんど注目されることなく、売れた絵は『赤いブドウ園』ただ一枚であった。伯父の斡旋で画商の見習いをしたり、父親の意向に沿って牧師になろうと努力するのだが、いずれもうまくいかず、画家を志した二十七歳のころからは四歳違いの弟テオドルスの援助によって生計をたてる状態がつづく。

そんななか、母国オランダからパリ、そして一八八八年の二月に南フランスのアルルに移り住む。まえにも触れたが、このころゴッホは浮世絵や異国趣味の小説『お菊さん』などの印象から、日本を自然に溶け込んで生きる素朴な人々の住む理想の郷《さと》として思い描いていて、喧噪《けんそう》なパリとは違う田舎町アルルをその代替としたのである。家は外壁を黄色に塗装し、内には十二脚の椅子を用意し、画家たちとの友情に満ちた共同生活の場にしようと試みる。彼にとって黄色は信仰や愛の象徴で、『ひまわり』にもそんな意味合いが込められているという。

ゴッホのアルル移住から八ヵ月後、再三の誘いを受けたゴーギャンが「黄色い家」に合流する。それはゴッホの理想に共鳴したというよりは、兄思いの画商テオドルスの「兄のもとに行ってくれれば作品を買おう」という誘いに乗ったからだといわれている。

ふたりの共同生活は長くは続かなかった。たとえ芸術に対する情熱を共有していたとしても、その方向性まで共通するのは稀なことだし、肉親でもないふたりの性格も異なって当然である。ゴーギャンのアルル到着の二ヵ月後の十二月二十三日に例の〝耳切り事件〟が起こる。

クリスマスイブを翌日にひかえた日の夜、ゴッホは剃刀を振りかざしてゴーギャンに迫ってきた。どのようなやりとりがあったのかはっきりはしないが、ゴッホはゴーギャンを傷つけることはせず、踵《きびす》を返して黄色い家に帰ると自らの左耳を切り取る。そして、切り取った耳片に「私の形見だ」と書き付けを添えてラシェルという馴染みの娼婦のもとに届けるのである。

警察の調書のようなはっきりした記録が遺っているわけではないので前述した事件のあらましはゴーギャンの回想録『前後録』と『へぼ画家の無駄話』の記述をもとに紹介したのだが、いずれも事件から十四年後に執筆されたもので、内容にはゴーギャンの記憶違い、あるいは修飾が混ざっているおそれがある。ただ、読者も承知のように『(切った耳に手当の) 包帯をした自画像』が存在しているわけで、事件そのものの起きたことに間違いはない。

なぜ、このような過激な行動を彼は起こしたのか。よくいわれるのはゴーギャンがゴッホとの共同生活を解消しようとしたことに腹を立てて逆上したとする説である。ゴッホは非常に筆まめで、七百通にも及ぶ手紙を遺していて、そのなかにはテオドルスに宛てて事件の当日に書かれたものがある。それには「……ゴーギャンはこのアルルの町にも、われわれが仕事をしている黄色の家にも、ことにこの僕に、いくらか失望しているようだ……結局はゴーギャンがきっぱりとここを去るか、それとも残るか、そのどちらかになるわけだ……僕は彼が、完全に平静な気持で決心をつけるのを待っている……」と綴られている。その冷静な内容からすると、同じ日の夜に刃物を手にして理解不能な行動をしたなどと想像できない。しかし、事件はたしかに起きたのである。

事件は意識的に引き起こしたものではなく、てんかん発作のせいだとする説がある。てんかんというと読者は白眼を剥《む》いて口から泡をふき手足をばたつかせる状態を思い浮かべるかもしれないが、それは大発作と呼ばれるもので、てんかんにはこれ以外にもいろいろなタイプがある。そのなかに側頭葉てんかんというタイプがある。海馬《かいば》あるいは扁桃核《へんとうかく》と呼ばれる脳の一部が異常に活動するために、外からはあたかも目的があって行動したり、発言しているように見えるのだが、意識的な挙動ではなく、発作後に尋ねても本人にはまったく記憶がないというものである。ゴッホはこの発作のせいで常人には容易に理解しがたい行為に走ったのではないかというのだ。

ゴッホがてんかんもちであったというのは他の説よりも人々の関心を引きつけやすいかもし

れないが、医学的に見るといくらか無理がある。通常の側頭葉てんかんの発作は口をもぐもぐ動かすとか、突然立ち上がって周囲をきょろきょろ見回すとか、せいぜい見知らぬ所へ出かけてしまって迷子になるていどのものである。ゴーギャンの回想録によるとゴッホは耳を「……根元から切り取った……」とある。これが本当なら、軟骨によって形を保っている耳介《じかい》を切り取る作業は相当の痛みに耐えながらの力仕事になる。側頭葉てんかんの発作で果たしてそんな荒技ができるものだろうか。

回想録の記述がゴーギャンの思い込みで、単なる切り傷あるいは耳朶《じだ》を削いだだけなら発作説の可能性がまったくないとはいえないが、『包帯をした自画像』に見る事件一ヵ月後の左耳（自画像は鏡に映った姿を描くので絵では右耳）は全体を包帯で覆われていて、もっと深手であったと考えるほうが自然であろう。

てんかん説はゴッホを語るたいていの書物に紹介されるのだが、それほどに可能性が高いわけではなく、やや強弁な推測のように著者は感じる。浅野内匠頭が吉良上野介に斬りつけたのは、松の廊下の欄間から漏れる陽射しを浴びて誘発されたてんかん発作のせいだとする異説に趣が似ている。実はもっと無理のない推測が可能である。

耳切り事件に驚愕したアルルの住民たちは二十九名の署名のもとでゴッホのような危険な精神病者は隔離してほしいという主旨の嘆願書を市長に提出する。そこには「……（ゴッホ）は……アルコールを飲み過ぎたあと過度な興奮状態に陥り、その際自分のしていることも言っていることもわからなくなり、市民にとっては不安であります……」とある。これに対してゴッホはテオ（テオドルスの愛称）宛の手紙のなかで「彼らは僕が飲んだり喫ったりするのを咎めるが……」「僕は自らを傷つけはしたがあの連中にはいっさい手出しはしなかったと答えてやった」と反論しながらも、ひとり黄色い家でアブサンを飲み、ときにはテレピン油を呷《あお》ったといわれる。ゴーギャンの回想録によれば耳切り事件の当日にも彼が襲われる直前までゴッホはカフェでアブサンを飲んでいた。アブサンは当時のパリで流行った酒、テレピン油は油絵具の溶剤である。

つまり、ゴッホは飲み過ぎによってしばしば前後不覚になり、あるとき錯乱のあげくに耳切り事件を起こすはめになる。これなら、どこにでもありそうな話である。

アブサンはアルコール度が七十％にも達する酒で、ニガヨモギを原料とする。ニガヨモギは少量なら食欲を増進させるが、駆虫作用もあって、多量に摂取すると神経の働きを狂わせ、幻覚や痙攣《けいれん》などを起こすとされる。アルコールの作用に加えて、原料のもつこの特殊な作用も錯乱に一役買ったかもしれない。テレピン油は松脂《まつやに》を蒸留して作られる。漢方では松脂には湿疹《しっしん》や傷に対する治療効果があるというが、もとより飲用の目的で作られたものではないから多量に飲んで身体によいはずはない。むしろ、解毒機能を担う肝臓や腎臓に悪影響を及ぼして飲酒の効果を増幅するかもしれない。

事件の半年後にゴッホはアルル近郊サン・レミの療養院に入院する。ここで一年ほど過ごしたあと、一八九〇年五月にはアルル地方に別れを告げ、パリ近郊のオーヴェールに転居。同年の七月二十七日、拳銃でみずからの左胸を撃つ。このときも街のカフェに寄ったあとであったという。

銃弾は肋骨に当たって心臓を逸《そ》れたが、二日後に最愛の弟テオドルスに看取られながらゴッホは三十七歳の生涯を終える。

ゴッホのもとを去ったポール・ゴーギャンはパリを経由し、それまで活動の拠点としていたフランス北西部のブルターニュ半島に戻る。二年余のちの一八九一年四月、「私はひとりになるため、そして文明の影響から逃れるために出発するのです……」と言い遺し、二ヵ月の航海を経て南太平洋に浮かぶタヒチ島（フランス領ポリネシアの中心地）のパペエテに移り住む。芸術のため妻と五人の子供を捨て、ひとり自由を得た男はこの地で『マリア讃歌』などの南洋の人々の生活を題材にした数多くの作品を描く。一八九三年にはいったん生地フランスに戻るが、一八九五年九月に再びパペエテに赴く。このころから彼の健康に翳《かげ》りが見え始める。

ゴーギャンは二回目のタヒチ行の前年に風体の奇妙さをからかわれたことから水夫相手に乱闘騒ぎを起こす。このとき負った右脚の骨折の回復が思わしくなく、ことあるごとに痛み出す。ヒ素の粉末を擦りつけて膝まで包帯を巻くのだが、どれほどの効果もなく、傷口に潰瘍《かいよう》ができ、激しい痛みをモルヒネの力で紛らすことになる。右脚、さらには反対の左側にも湿疹が現われる。同じころ、結膜炎にも罹《かか》る。

読者も目を通したことがあるかもしれないが、サマセット・モームの代表作に『月と六ペンス』という小説がある。ゴーギャンをモデルにしたもので、主人公はハンセン病に冒されて亡くなったことになっている。紅く充血した眼から涙を流しながら、巻かれた包帯の端から発疹が垣間見える脚を引きずって歩くゴーギャンの姿を見た者は作家と同じ想像をした。ゴーギャンはパリ在住中に梅毒に罹ったといわれるが、それよりもっと恐ろしい病だと誤解され、彼の周囲からは人々が遠ざかり、現地妻ともいうべき女性もまえの男のもとに逃げ帰ってしまう。

一八九六年から一九〇一年までのあいだにゴーギャンは現地の病院に六回にわたって入退院を繰り返すことになる。そんななか、一八九七年の春には妻のもとに残してきた最愛の長女のアリーヌの死が伝えられる。この便りを最後に妻との文通は途絶え、絵は思うように売れず経済的にも追いつめられたゴーギャンは大作『われわれはどこから来たのか？　われわれは何者か？　われわれはどこへ行くのか？』を描き終えた一八九八年の初頭、脚の治療用のヒ素の粉末を飲んで自殺を図る。

ゴッホと違ってこの試みは失敗する。一説には飲み込んだヒ素の量が多すぎて吐いてしまったからだというのだが、ヒ素の致死量は〇・一〜〇・二グラムと微量なので、ほとんどを吐き出したからといって生き延びられるようには思えない。おそらく治療用のヒ素が原料となる鶏冠石や石黄などを砕いて粉にしただけの精製されていない粗悪なものだったのだろう。

ゴーギャンはタヒチの生活にもなお飽き足らず一九〇一年にその北東千五百キロに位置する

マルキーズ諸島のヒヴァオア島に移る。そして、一九〇三年五月八日、彼に突然の死が訪れる。両脚が紅く腫れあがって歩くことはできないものの、その日の早朝はまだ村の牧師と芸術や文学について語りあっていた。しかし、昼近くに村人が訪れたときには身動きひとつせずベッドに横たわっていた。享年五十四歳。

こんな状況から「心臓発作で死亡した」と解説されることが多い。心臓発作とは心臓が急に止まったという意味だろうから、素直にとれば心筋梗塞《しんきんこうそく》や死に至る特殊な不整脈を招く急性冠動脈症候群を起こしたと考えるのだが、心臓に問題がないとしても心臓の止まる場合はある。たとえば、呼吸が止まれば酸素を供給されない心臓はほどなく動きを停止する。使用量を誤るとその呼吸を止めてしまう薬物は多く知られていて、ゴーギャンが痛み止めとして使用していたモルヒネもそのひとつである。

周知のようにモルヒネは多幸感をもたらす作用ももっているので、当人に管理を任せるとつい多量に使用しがちになる。ゴーギャンのベッド脇に置かれたテーブルの上にはモルヒネの注射液用とも阿片（モルヒネの原料）チンキの内服液用ともいわれる空になったガラス瓶が転がっていたと伝えられる。心臓発作はひょっとすると麻薬中毒による事故死であったのかもしれない。

ゴッホといいゴーギャンといい、彼らの人生は実に激しい。ふたりの描く絵は同時期に活躍したルノアール、セザンヌ、モネたち印象派の作品ほどに穏やかさを感じさせない。まさに人生そのものを表わしているように思えるのだが、読者はどんな感想をもたれるだろうか。

科学者——自然は生易しいものではない

レントゲン（一八四五〜一九二三年）
キュリー夫人（一八六七〜一九三四年）

病気の診断にあたって行われる検査のなかで最もポピュラーなものというと著者はX線検査を思い浮かべる。ふつうの撮影（単純撮影）のほかに胃腸の透視、造影剤を用いた血管撮影、CT（コンピュータ断層撮影）、これらすべてX線検査である。健康に過ごしてきたと誇る人でも一度や二度はこの検査を受けたことがあるはずで、この検査なしには近代医学はなりたたない。近年に普及してきた血管内手術や一部の内視鏡手術もX線による透視下に行う治療法である。

いうまでもなく、これらの検査が可能になったのは物体をすり抜けて進む性質をもつX線という放射線がドイツの科学者ウィルヘルム・コンラッド・レントゲンによって発見されたからである。その功績に対して彼には一九〇一年に第一回のノーベル物理学賞が授与される。X線の発見は医学の発展に多大な貢献をすることになるのだが、レントゲンは機械技師の養成学校から工科大学に進んだ物理学者であり、あくまでもそれは純粋な学問上の興味に導かれた結果であった。

真空にした管の両端に電圧を掛けると、陰極から陽極に向かって放電が起こる。陰極線と名づけられたこの放電の実体はのちに電子の放出であるとわかるのだが、当時はまだ粒子の流れなのか波なのかが議論される段階にあり、レントゲンも真空放電管を入手して一八九五年の秋ごろから実験にとりかかる。

一八九五年十一月八日、実験中に彼は不思議な現象に気づく。黒い紙で覆った放電管に電流を流すと、放電管から一メートルほど離れたところに置いてあった蛍光紙がかすかに光ったのだ。陰極線は空気中をほんのわずかな距離しか進まないことが知られていたし、黒く覆われた放電管から光が漏れることもありえない。陰極線とは別の何かが放電管の外に放出されたとレントゲンは考え、その何かをX線と名づけた。そして、身近なものに対する透過性を調べ、手を近づければ蛍光紙に骨の影の写ることを知るのである。X線発見のニュースはまたたく間に世界中に届き、遠く離れた日本でも翌年の三月六日付けの時事新報は「……独逸《ドイツ》のロェントゲン博士は人体の皮膚筋肉を透して骸骨のみを写す方法を発見した由……」と報じる。

話が飛ぶようだが、二〇一一年三月十一日の東日本大震災では原子力発電所が津波によって壊れるという何とも始末の悪い事故が起きてしまった。放射線を放出する働き（放射能）をもつ物質（放射性物質）が周囲にまき散らされてしまったのだ。

原子力発電はウラン235という放射性物質を核燃料とする。濃縮されたウランの集まりのなかで遊離した中性子がウランの原子核に衝突すると、衝撃を受けたウラン原子は別の原子（核分裂生成物）に変化（核分裂）する。このときにも中性子が放出されるので、これがまたほかのウラン原子に衝突して核分裂を起こさせる。このような核分裂の連鎖反応に伴って発生する熱エネルギーによって水を蒸発させ、水蒸気の力で発電機を回して電気を起こすのが原子力発電である。

核分裂の連鎖によってウラン235はいろいろな核分裂生成物に形を変えていく。ウランの質量は235なのだが、核分裂すると主として質量が100あるいは135付近の生成物に変化する。それらがよく耳にするセシウム137、ヨウ素131、ストロンチウム90などである。おのおのの核分裂生成物は時間とともにさらに壊れて（崩壊）いく。崩壊はヘリウムイオン（α《アルファ》崩壊）や電子の放出（β《ベータ》崩壊）、電磁波の発生（γ《ガンマ》崩壊）、中性子や陽子の放出によって起こる。このときにそれぞれα線、β線、γ線、中性子線、陽子線が発生される。これらが健康を害すると怖れられる放射線である。

まえに列挙したα線をはじめとする放射線が発見されたのは一番早いβ線でも一八九九年のことで、X線はこれらに先んじて発見された。つまり、レントゲンは自然科学において最初に放射線という存在を指摘したのである。X線はのちにγ線と同じ電磁波の一種であることが明らかになる。

ついでなので放射線の厄介さについて少し言及する。放射線は物質のなかを通過するとき、その物質を構成する原子から電子を軌道の外にはじき飛ばしたり（電離）、本来とは違うより外側の軌道に押しやったりする（励起《れいき》）。このような作用を受けた原子は電気的あるいは構造的に不安定なので、他の原子や分子と化学反応を起こして元の状態に戻ろうとする。そのため、通過する物質が生体であれば不自然な反応によって細胞を構成する分子を破壊したり、細胞内にあって遺伝情報を担うＤＮＡ鎖を切断したりする。遺伝情報が正しく伝えられなくなると、寿命の尽きた細胞に替わる新たな細胞ができないため、臓器は機能を維持できず、悪くすれば癌の発生を招くことになる。つまり、放射線は生体の基本単位である原子を変容させ、ひいては細胞さらには臓器を傷つけるのである。被爆した量にもよるが、その影響は、転んで怪我をするとか、風邪をひいてしまったとかいった生易しいものではないのである。

では、どこまでの量の被爆なら安全なのだろうか。放射線は原子炉が爆発しなくても自然界にある放射性物質から放出されているし、宇宙線として大気圏外から降り注がれている。これらの量がひとりあたり年間に二・四ミリシーベルト（世界平均）とされるので、まずはこのあたりまでは安全というか、避けられない量である。国際放射線防護委員会の勧告も放射線業務に携わる人を別にした一般人は年間一ミリシーベルト（自然放射線量を省き）を上限としている。

年間一ミリシーベルトを超えたらどうなるのか。放射線業務に携わる人の上限は五年間に百ミリシーベルト以下と決められているので、年間に二十ミリシーベルトていどまでは許容範囲なのだろうか。実はこの辺がよくわかっていない。信頼のおけるデータが少ないのである。ただ、はっきりしているのは年間数ミリシーベルト以上の被爆は自然のできごとではないということである。どのあたりまでが安全かを詮索するのもよいが、医学検査の必要でもないかぎり、まずは少なければ少ないほどよいと考えるのが放射線への対応の基本であろう。

話をもとに戻す。レントゲンはX線の発見以前から物理学者として一定の地位を占めていたが、一八九五年を境にしてさらなる栄光の道を歩む。ドイツ皇帝ウィルヘルム二世をまえにして講義、数多くの勲章を受け、貴族に推挙され、縁ある町の名誉市民となり、生家には記念の銘板が掲げられる。そして、二十世紀前半としては長命な部類に属する七十七歳まで人生を全うする。

レントゲンは両親が従兄妹結婚のために色弱であったといわれているが、これ以外になにか特別な病に苦しんだようすはなく、X線の被爆によって健康を損なったことを窺《うかが》わせる資料もない。ただ、晩年に彼が従妹に宛てた手紙のなかに「めっきり視力が落ちました」と年老いたことを嘆いている記述がある。常識的にはまず加齢に伴う老人性白内障を疑うのだが、放射線に被爆すると十年単位の長い期間を経てから晩発性に白内障の発症することが知られているので、そんな可能性がまったくないとはいえない。あくまで可能性としての指摘である。

これに対して、名実ともに放射線の研究に身を捧げたといえるのはキュリー夫人であろう。まえに述べたようにレントゲンの発見したX線は放電管を使用して発生させた人工的な放射線であったのだが、天然のウラン化合物からも同じように放射線が放出されていることがX線発見の翌年に明らかにされる。この事実に興味を覚えたピエールとマリー・キュリー夫妻は放射線を発生する物質の実体を探るべく放射能をもつ鉱石の精製に没頭する。そして一八九八年に純粋な放射性物質ポロニウム元素（夫人の生地ポーランドに因んで命名された）を、ついで一九〇二年にはラジウム元素を精製する。ふたりは天然の放射線の存在を最初に明らかにしたアンリ・ベクレルとともに一九〇三年にノーベル物理学賞を受ける。その後これらの元素から放出されるα線とβ線はそれぞれヘリウムイオンおよび電子の流れであることが突き止められる。

夫妻の研究は鉱石から放射能の高い部分を分離し、それを根気よく手作業で精製するというもので、放射線の影響によってときには手の皮膚が剥《は》がれ落ちることもあったという。一部の医学者はそんな効果が皮膚の腫れ物や腫瘍《しゅよう》の治療に有用ではないかと考え、これに賛同したピエールも研究の一環としていろいろな動物に対する作用を調べている。これは現在の放射線治療の嚆矢《こうし》ともいえるが、まだ放射線の危険性に対する認識はあまく、夫妻は多くの線量の放射線を浴びながら研究に勤しんだ。夫のピエールは一九〇六年に雑踏のパリの街中で車道を横切る際、頭部を馬車に轢《ひ》かれて不慮の死を遂げる。悲しみに打ちひしがれるマリーはそれでもなお作業を続け、ポロニウムおよびラジウムの単離を成し遂げ、一九一一年にはノーベル化学賞を受賞する。ちなみにひとりで二回のノーベル賞を受賞しているのは彼女を含めて過去に四人しかいない。

骨身を惜しまずたゆまぬ努力を続けるキュリー夫人の存在はまさに科学者の鑑そのものであった。しかし、皮肉にもその努力が彼女の健康を蝕《むしば》む。

一九二〇年ごろから視力の衰えと絶えず鳴りつづける耳鳴りに悩まされ始める。レントゲンの話で触れた白内障が発症するのである。耳鳴りもこれと同じように聴神経がニューロパチー(末梢神経障害)を起こしたためだったのかもしれない。彼女は一九二三年から一九三〇年のあいだに四回にわたって白内障の手術を受ける。

一九三〇年代半ばからはときどき熱を出すようになり、顔色も悪く貧血の症状が現われる。結核の再発などと誤診されることもあったようだが、しだいに病状は悪化し、一九三四年に六十六歳の生涯を閉じる。死因は再生不良性貧血あるいは白血病だといわれている。いずれも放射線障害で起きうる病気なのだが、夫人の次女エーヴの著わした『キュリー夫人伝』によれば病床で受けた血液検査では白血球、赤血球、血小板のすべてが減少していたというから、骨髄全般が障害される再生不良性貧血の可能性のほうが高いのではないかと著者は推測する。

夫人の研究は長女のイレーヌ・ジョリオ・キュリーとその夫フレデリック・ジョリオ・キュリーに引き継がれる。放射性物質はα線の照射によって人工的にもつくりうることを実証したふたりは一九三四年に揃ってノーベル化学賞を受賞する。母マリーと同じ栄誉に浴したわけだが、哀しいことにその後の運命もまた母と同じ道を辿《たど》る。長年にわたる放射線の被曝によってふたりは白血病を発症し、ともに五十八歳で亡くなっている。

レントゲンによるX線の発見やキュリー夫妻による自然界にある放射性物質の発見は物質を構成する基本単位が陽子、中性子、電子からなる原子であるとわかるきっかけになった。二十世紀における物理学の進歩に繋《つな》がる一大発見であった。また、医学の進歩にも大きく寄与した。それだけであったらよかった。しかし、物理学の進歩は原子爆弾を生み、平和利用の名のもとに原子力発電を普及もさせた。

著者は科学の進歩を否定しようとするのではない。科学は自然界の決まりごとを探り、あるいはそれに従って自然界の恵みを人類の欲求に利用する行いである。それが人類に多くの恩恵をもたらしてきたことは素直に認めたい。ただ、科学の源は天然自然にあるわけだから、いくらそれが進歩したからといって、人類が自分たちの都合にだけあわせて自然をコントロールすることなどできようはずはない。いつの時代でも科学は自然に対して未熟であることを忘れてはいけないと思うのである。

作家——戴夢魔神《タイムマシン》いませば

夏目漱石（一八六七～一九一六年）
森鷗外（一八六二～一九二二年）

作家としてだれを採りあげればよいのか。これがなかなか決まらなかった。芥川賞または直木賞を受賞した作家は三百名近くに上るから選択の余地も大きく、そのなかから選んでみようと思ったが、広く知られた史的人物の範疇《はんちゅう》から外れてはいけないし、生存中では差し障りがある。もとまで辿《たど》って芥川龍之介と直木三十五はどうかと思いつきもしたが、芥川の人生は自殺で締めくくられて話が暗く深刻になりそうだし、彼が片頭痛に苦しんでいたことをすでに他書で披露してしまっていて、二番煎じはうまくない。直木は『水戸黄門』の原作ともいうべき作品を含め大衆小説を多く発表しているが、作家としての人気は高くない。もっと遡って紫式部や清少納言も一考なのだが、彼女たちについても他書で話題にしたことがあった。著者の趣味から江戸川乱歩と横溝正史あたりも面白いかと思ったが、やや猟奇的な感があって、読者によって好き嫌いが分かれるだろう。外国の作家という手もあるかもしれないが、西洋文学に興味のある読者はそんなに多くないような気もした。あれこれ迷ったあげく、いちばん無難なところと判断して、近代文学の黎明期に活躍したふたりの文豪を的とすることにした。迷う割には無難なところに収まるのは著者の常である。

もっぱら文語調で書かれていた戯作が現代と同じような口語体で表現される小説へと変貌する明治期にその先陣ともいうべき作品が雑誌『ほととぎす』に発表される。『吾輩は猫である』である。教養に裏づけられた洒脱な語り口の文章は夏目漱石を人気作家へと導くのだが、「名前はまだ無い」主人公によると自分の寄宿する家の主人である苦沙彌《くしゃみ》先生は「胃弱で皮膚の色が淡黄色を帯びて弾力のない不活発な徴候をあらわして居る。其癖に大飯を食ふ。大飯を食つた後でタカヂャスターゼを飲む」のである。苦沙彌先生のモデルはいうまでもなく漱石自身である。ちなみに、タカジアスターゼとは一八九四年（明治二十七年）に高峰譲吉が発見したアミラーゼという消化酵素のことで、現在も一部の胃薬の成分として生き残っている。

『吾輩は猫である』が発表された一九〇五年（明治三十八年）は一八六七年（慶応三年）生まれの漱石三十八歳のときなのだが、氏の胃の調子はもっと若いころから思わしくなく、一八九一年（明治二十四年）に友人・正岡子規に宛てた手紙で兄と歌舞伎を見に行ったところ「……持病の疝気《せんき》急に胸先に込み上げてしくしく痛み出せし時は芝居所のさわぎにあらず……」と報告している。ときに漱石は二十四歳であった。

胃の不調を訴えながらも、『坊っちゃん』『草枕』『三四郎』などの作品をものしていた漱石なのだが、四十歳のころから胃の調子はいよいよ悪化の道を転げ始める。

胃のあたりが痛み、食欲もないため一九〇九年（明治四十二年）六月に都内の胃腸病院を受診すると、便に血が混じっているとわかり、胃潰瘍《いかいよう》の診断を受ける。一応の治療を施されたあと、医者の勧めもあって養生のために静岡県の修善寺温泉に赴く。

菊屋に着いたのが八月六日。その翌日から腹部の違和感を覚え、十日ごろからは自身の日記によれば「胆汁と酸液を一升ほど吐いてから漸く人心地なり。氷と牛乳のみにて命を養う」状態になる。十七日と十八日に吐血、二十四日には三度目の吐血をし、それも五百グラムといった多量なもので、一時的に人事不省となる。出血によるショックを起こしたのである。ショックというのは意中の人に振られたときの衝撃というわけではなく、各臓器への血液が不足してそれぞれの機能を保つことができなくなった状態を示す医学的表現。そこそこの量の出血でも急激に起こると血液循環が滞り、脳の機能が損なわれれば意識を失う。漱石もそんな危険な状態を経験する。

医師は強心剤カンフルや食塩水を投与する。カンフルは「元気のない人にカンフル剤」などといった俗諺《ぞくげん》のなかには遺っていても、現代医学からは消え去った薬である。また、食塩水も皮下に直接注射されたのであって、現在のような点滴によって静脈に投与されるものではなかった。いずれの治療も当時としては精一杯のところなのだが、いまから考えればなんとも心もとない。それでも漱石は危機をのりこえ、九月に入ると回復の兆しをみせ、十月には上京して当初の診断を受けた胃腸病院に入院し、静養ののち翌年の二月に八カ月ぶりの帰宅を果たす。

その後しばらくは小康を保つものの、一九一五年（大正四年）に発表された自身の『硝子戸の中』によれば「此二三年来私は大抵年に一度位の割で病気をする」状態となり、翌年には胃潰瘍が再燃する。朝日新聞の社員として『それから』『こころ』『道草』を書き終え、『明暗』を連載している最中である。十一月二十一日に上野の精養軒で催された弟子の結婚式の披露宴に出席して洋食を口にすると、その日の夜から胃の調子を崩し、翌二十二日から嘔吐を繰り返す。吐瀉物《としゃぶつ》には血液が混じっていた。絶食するかわずかな流動食で凌《しの》ぐ日が続き、二十八日の深夜には七年まえのように一時的に意識を失う。十二月一日、二日の用では血便を認めるものの、流動食を摂ることはできた。しかし、二日の午後、便意を催した漱石はトイレで力んだとたんにふたたび人事不省に陥る。腹部は目立って膨れ上がっていたといい、胃内に多量の出血を起こしたのである。その後は見るべき回復のないまま、八日には危篤となり、翌九日の夕方に四十九年間の生涯を終える。

死後、漱石は夫人の発意によって東京大学でときの病理学教授・長与又郎の執刀によって解剖に付せられる。長与又郎は『竹澤先生と云ふ人』などを著わした白樺派の作家・長与善郎の兄である。解剖の報告書によると、胃の内壁には長さ五センチメートルにも及ぶ楕円形の潰瘍があり、そこには多数の血管が露出していたという。

有名な病気なので読者もだいたいのことは承知でいまさら説明の必要はないのかもしれないが、いちおうの解説をすると、胃潰瘍とは胃の粘膜が種々の原因によって障害され欠損した状態のことである。種々の原因のなかには生活上のストレスも数えられていて、教養人であるだけに漱石も多くのそれに曝《さら》されていた。さらに『こころ』など晩年の作品は自己洞察の内向きな内容のものが多く、書けば書くほどストレスを増幅させ、そのたびに胃潰瘍に苦しむことになったというのが一般的な推測で、著者もありそうなことだと思っていた。

ところが、近年になって胃潰瘍のほとんどはヘリコバクター・ピコリという細菌の感染によって引き起こされることがわかってきた。胃潰瘍が感染症のひとつと考えられるようになったのである。一九八二年にこの発見をしたオーストラリアの医学者マーシャルとウォレンには二〇〇五年にノーベル生理学・医学賞が授与されている。漱石の場合もピロリ菌の感染が原因で、文筆活動によるストレスも多少は関与したであろうが、本質的な要因ではなかったと思う。現代なら抗生物質の投与によって除菌することができ、胃潰瘍で死に至ることは稀なのだが、さすがの文豪もおよそ七十年の歳月を先取ることはできなかったのはなんとも残念である。猫の言を借りれば「吾輩の主人がどれほどの人物か承知しないが、其れは戴夢魔神《タイムマシン》のご利益でも無ければまず難しかろう」である。

森鷗外（本名・森林太郎）は一八六二年（文久二年）生まれで漱石より五歳年長である。氏が『舞姫』を発表したのは一八九〇年、『吾輩は猫である』の一九〇五年より相当に早いが、その後の『ヰタ・セクスアリス』『阿部一族』『山椒大夫』『高瀬舟』などの代表作を書いたのは一九一〇年ごろからで、ちょうど漱石の作家活動の時期に一致している。

漱石は一八九一年（明治二十四年）に子規に対して「鷗外の作品をほめ候とて圖らずも大兄（子規）の怒りを惹き申譯も無……、同人の作は僅かに二短篇を見たる迄にて全體を窺ふ事かたく……」と書き送っている。短編のひとつは『舞姫』であったと思われるが、漱石はそれらを褒めたところ、子規に西洋かぶれと批判されたのである。一方、鷗外も『ヰタ・セクスアリス』の冒頭で主人公につぎのように述懐させる。「そのうちに夏目金之助（漱石の本名）君が小説を書き出した。金井君（鷗外自身がモデル）は非常な興味を以て讀んだ。そして技癢《ぎよう》（技量を見せたくて腕がむずむずすること）を感じた。さうすると夏目君の『吾輩は猫である』に對して、『吾輩も猫である』といふやうなものが出る。『吾輩は犬である』と云うやうなものが出る。金井君はそれを見て、ついつい嫌になつてなんにも書かずにしまつた」。

このように、同時期に活躍したふたりは互いに各々の作品を読み、作家として認めあっていた。ただ、個人的な深い親交はなく、子規の催した句会で同席したり、上田敏の洋行祝賀会で挨拶したりするていどであった。

漱石の出自は『坊っちゃん』にいわせれば「是でも元は旗本だ。旗本の元は清和源氏で……こんな土百姓とは生れからして違ふんだ。只智慧のない所が惜しい丈だ。」となるのだが、本当のところは江戸草分の名主あたりが正しいのらしい。これに対して鷗外は長州の石見国津和野藩の御典医の家系に生まれ、医師として家格を守るべく養育された。そして、二十七歳のときに周囲の勧めに従って男爵家の令嬢と結婚する。しかし、その生活は一年半ほどで頓挫する。

その経緯について鷗外は沈黙を貫くので、どんな理由によるのか定かでないのだが、一説には新妻が結核に罹《かか》っていることがわかり、鷗外の健康を気遣った母・峰子が取り計らったのではないかといわれている。鷗外は二代つづけて婿養子をもらって継いだ森家にやっと恵まれた男子であった。峰子が待望の跡取りを必要以上に気遣ったとしても不思議はない。当時は家族がつぎつぎに結核に感染して一家が滅亡に瀕するといった悲惨な例も稀ではなかった時代である。また、鷗外自身も医学部の学生時代には湿性肋膜炎《しっせいろくまくえん》の診断を受けて静養を余儀なくされた経験があり、医師として結核の恐ろしさを人並み以上に理解していたであろう。鷗外は三十九歳でやはり母の意向を受け入れて再婚する。

一九一六年（大正五年）、鷗外は五十四歳にして母を亡くすと、半年後には軍医として最高位の総監を務めていた陸軍を退役、併せて医務局長であった陸軍省を退官する。母の期待に背かず家格を守ると自らに課した孝行を成し遂げたと感じたのであろうか、未練なく公職から退き、作家活動を続けるのである。しかし、『渋江抽斎』『伊沢蘭軒』につづく三番目の史伝『北条霞亭』を脱稿する一九二〇年（大正九年）ごろから脚の腫れに苦しむことになる。

漱石の病気については氏の弟子たちがかなり詳しく書き遺していて、前述のように解りやすいのだが、鷗外の健康状態を知る手懸りは少ない。自身が医者であったわけだから、周囲に意見を求める必要を感じていなかっただろうし、彼を診た医師たちも同業者として配慮したのであろう。では、資料が皆無かというと、そうでもない。鷗外はかたちを変えてみずからの病気について詳述しているというのだ。

三作目の史伝『北条霞亭』を発表したのち鷗外はその続編として『霞亭生涯の末一年』を著わす。題名から明らかなようにその内容は江戸時代の漢学者・霞亭の最晩年の行跡であり、霞亭を死に向かわせた病についても言及されている。言及自体は史伝として当然なのだが、鷗外はその記述に全体の構成からすると不釣り合いなほどに多くの誌面を割いている。

霞亭は痰喘《たんぜん》を患っていた。西洋医学でいう気管支炎あるいは喘息《ぜんそく》のようなものであろう。それがなかなか治らぬまま、上半身に浮腫が現われ、ときには胸から心窩《しんか》（みぞおち）にかけて痛むこともあり、しだいに脚の腫れもみられるようになった。「痰喘が主因である」「いや脚気《かっけ》なのだ」と医師たちの意見は分かれた。このような内容を鷗外は著作中の随所に交えて叙述し、最終的に霞亭の病は萎縮腎であったのだろうと結論づける。

まえに述べたように晩年の鷗外は脚の腫れに苦しみ、次女・小堀杏奴《あんぬ》嬢によれば「父の病気は萎縮腎といって腎臓がだんだんちぢまる病気であった」という。つまり、鷗外は霞亭について調べるうち、自身の病状との共通性に気づき、自己診断ともいうべき記述をしていったのだろうといわれているのである。

『霞亭生涯の末一年』が『アララギ』誌上で完結する一九二一年（大正十年）末は鷗外が六十年の生涯に終焉を迎える八ヵ月まえのことである。

萎縮腎の原因はひとつではないが、当時ならまず結核を疑うのが常識で、鷗外自身もその可能性に気づいていて、主治医に「病気は萎縮腎とだけ公表してほしい」と頼んだと伝えられる。家族に結核患者がいることに対する世間の偏見を防ごうとしたのであろう。

著者は医者になりたてのころに鷗外の長男・森於菟《おと》氏の次男である森富《とむ》氏にお会いしたことがある。氏は東北大学医学部の解剖学教授をされており、紹介状を持参しただけの若者を標本室に案内し、棚に並ぶ標本の説明をしてくださったはずである。しかし、それがどんな内容のものだったのかまったく記憶にない。なんとも情けない。いまならお教えいただきたいことがたくさんあるような気がするのだが、せっかくの機会に自分はなにをしていたのだろうか。後悔するのも著者の常である。なお、著者は漱石のお孫さんにお会いしたことはない。

映画スター――燃え尽きたヒロイン

オードリー・ヘップバーン（一九二九〜一九九三年）
マリリン・モンロー（一九二六〜一九六二年）

絵画は視覚に訴え、音楽は聴覚の刺激によって、旧《ふる》くより人々を魅了してきた。これらに対して映画は視覚と聴覚の両者の効果を期待して作られる。絵画と音楽の特色を兼ね備えているといえるのだが、映画は芸術よりは下等な娯楽の仲間として扱われる嫌いがある。それが一八九五年のフランス人ルイ・リュミエールによる動く映像「シネマトグラフ」の発明を起源としていて、まだ一世紀余の短い歴史しかもっていないせいなのだろうか。それとも、絵画、音楽、さらには文学などと違って手法が素朴でない分だけ想像力を駆り立てにくいところが減点されるのだろうか。子供のいたずら描きも絵画である。音楽もクラシックから演歌まであって、そもそも映画をひとくくりにするのは乱暴なのかもしれない。話が理屈っぽくなってきた。著者は書くものといえば長らく論文ばかりであったため、話はついつい堅くなってしまって面白くない。今回は映画スターを話題にしようと思っただけである。

銀幕には数多のスターが誕生した。彼らは虚を実のごとく、実を実として演じてみせ、観客はその映像に魅入り、それぞれの思いに遊ぶ。麗しきヒロイン（あるいは精悍なヒーロー）が登場すれば、みずからを同じ舞台に立たせ、果たせぬ夢を見もするのである。

オードリー・ヘップバーンは一九二九年にベルギーで生まれた。著者の生年は一九四八年だから彼女の活躍した時期にはまだ幼少というわけで、その可憐さに蠱惑《こわく》されたのは後年のことなのだが、それでも映画スターを挙げろといわれるとまず彼女の名が浮かぶ。

彼女はオランダ貴族の娘エラ・ファン・ヘームストラが一回目の結婚に失敗し、再婚したイギリス人ジョゼフ・ヘップバーン＝ラストンとのあいだに生まれた。したがって、彼女にはふたりの異父兄がいる。

オードリーは生後まもなく激しい咳の発作を起こして死にかけたことがあるらしい。彼女の長男ショーン・ヘップバーン・フェラーによれば彼女はつぎのように語ったことがあるという。「もし私が伝記を書くとしたら、書き出しはこんな風になる。私は一九二九年五月四日ベルギーのブリュッセルで生まれ……六週間後に一度死んだ」。ショーンの著書には百日咳の発作であったと記されている。「生後二十一日目に死にかけた」とする伝記もあるが、もし百日咳が原因なら、あとで説明するように三週間目に重症というのは少し早すぎで、おそらくは生後三週間目から症状が現われ、六週間後に咳の激しい発作に襲われて死にかけたというのが実際なのだろう。

百日咳はふつう二～六歳の乳幼児に発症するのだが、同居している兄弟から感染する場合は別で、彼女もそれであったのかもしれない。一～二週間の潜伏期を経て三～六週間後には咳の発作が激しくなり、連続する咳によってときには呼吸困難となり酸素欠乏によるチアノーゼ状態（紫藍症《しらんしょう》）を起こす。母親エラはそんな状態に陥って呼吸を止めたわが子の尻を叩いて救った。衝撃によって咳を引き起こしていた粘稠な痰が気管から外れ出たのである。

このときの記憶がオードリーにあろうはずはないので、顚末《てんまつ》はエマから聞かされたものなのだろう。エマはクリスチャンの新派の信者であったため、あえて医師の診察を仰がずにわが子を看ていて、ほんとうに百日咳だったのか医学的な判定はむずかしいが、ともかくもオードリーはスターとなるべく生命の危機をくぐりぬける。

オードリーの父親ラストンは野心家である分だけ定職と縁遠く、一九三五年に妻と子供たちを残したまま出奔してしまい、一家は祖父であるヘームストラのいるオランダに居を移す。ときはファシズムの嵐がヨーロッパに吹き荒れるころで、オランダもドイツ軍の進攻に曝《さら》された。オードリーが晩年に親善大使としてユニセフ（国連児童基金）の活動に参加するのはこのころの体験も影響したといわれている。

オードリーはブリュッセルでその公演を観たのをきっかけにして一九四一年ごろからバレエを習い始め、戦後にエマとともにイギリスに渡ったのちも教室に通いレッスンに励む。このころの彼女は痩せている割には食欲旺盛であったという。スターとなったのちも百七十センチの身長にスリーサイズ八十、五十、八十八といった華奢《きゃしゃ》な体つきを崩すことがなかったため、しばしば拒食症の噂がたつのだが、無理なダイエットをしていたわけではなく、もともと肥満しにくい体質だったのだろう。

一九五一年、彼女のもとに幸運の女神が舞い降りる。戦後ヨーロッパにおけるベストセラー小説『ジジ』のブロードウェイ公演の主役に抜擢されるのである。作家シドニー・コレットが撮影所にいた彼女を偶然に見つけ、これ以上のキャストはないと白羽の矢を立てたのだと伝えられている。ときを同じくして、パラマウント社のハリウッド映画『ローマの休日』の王女役にも起用される。

一九五四年にはアカデミー主演女優賞を受け、世界的スターの仲間入りをする。その後に『麗しのサブリナ』『戦争と平和』『尼僧物語』『シャレード』『マイ・フェア・レディ』『おしゃれ泥棒』などのヒロインを務めることは読者承知のとおりで、清楚でありながら悪戯っぽくもあり、豊満でないのに女性らしくもある彼女は戦後の大衆を魅了するのである。

その印象とは相容れないかもしれないが、彼女は喫煙家であった。『ティファニーで朝食を』に長いキセルを掲げながら踊るシーンが挿入されているように、当時は女性の喫煙も一種のオシャレ感覚で許される時代であったから不思議ではない。ただ、スターの座に着いたころにはオシャレの域を越えてその量は日に十五本にもなり、喘息様の症状に苦しむときもあったという。彼女は二回離婚している。一九八〇年ごろからは三人目の伴侶ロバート・ウォルダースと同棲するのだが、彼は煙草の量を減らすように注意したと語っており、喫煙の習慣は後年まで続いたらしい。禁煙は容易ではないのである。

一九五八年の『尼僧物語』の撮影はアフリカで行われた。約四ヵ月間にわたるコンゴでのロケを終えてローマに戻ると、オードリーは嘔吐と排尿障害を伴う激しい腰痛に襲われる。腎結《じんけつ》石《せき》の欠片《かけら》が尿管まで降りたのである。灼熱のなかでの長期の撮影による慢性的な脱水状態が引き金になったのではないかといわれている。幸いに点滴などの内科的治療で快癒する。彼女はふたりの息子に恵まれるが、四回ほどの流産も経験している。映画スターがいくら華やかでも、その裏には昼夜の境のない過酷な作業があり、日常の生活は大衆の目を意識して窮屈である。もとよりそんな経験がないので想像にすぎないが、それらは身体にも相応の負担を強いるものなのだろう。

オードリーはスピルバーグ監督の『オールウェイズ』への出演を最後に銀幕から去り、一九八八年ごろからはユニセフの活動に力を注ぐ。特別大使としてエチオピアに始まり、トルコ、南アフリカ、スーダン、バングラデシュ、ヴェトナム、ソマリアを矢継ぎ早に訪れる。

これらの国の恵まれない子供たちを慰問し終わった一九九二年の夏、オードリーは腹痛に悩まされ始める。このころの写真に見る彼女はもともとの華奢な体躯に年齢を考慮しても少々痩せすぎである。大腸癌を発症していたのである。ロサンゼルスの病院で開腹手術が行われる。しかし、癌はすでに腹腔内に拡がって外科的に根治する段階ではなく、抗癌剤による治療を試みるものの、手術から七十九日目の一九九三年正月にスターは燃え尽きる。そして、自宅近くのスイスはジュネーブ湖を見下ろす丘に埋葬される。彼女はどこまでも美しいのである。

ところで、ジョン・F・ケネディは上院議員のころ「好きな女優は『ローマの休日』のヘップバーン」と公言していたという。一九六三年に催された大統領の四十六回目の誕生生パーティーにはオードリーも招待され、彼女が「ハッピー　バースデー　ディア　ジャック」と歌う。これがケネディ最後の誕生日となるのだが、その前年のパーティーでは同じ役割をマリリン・モンローが果たしている。シルエットも露なドレスに身を包み、嬌態《きょうたい》をして歌うマリリンはオードリーとは対照的な印象を与える。果たして彼女のカルテはどんなものなのであろう。

父親は社会的に健全な存在ではなかったものの貴族の娘を母としたオードリーとは異なりマリリン・モンロー（本名ノーマ・ジーン・モーテンセン）の生い立ちはかなり悲惨なものであった。

彼女は一九二六年カリフォルニア州ロサンゼルスに生まれた。マリリンの母親グラディス・ベイカーは十五歳での最初の結婚に失敗し、二十四歳でマーティン・モーテンセンと再婚する。しかし、この結婚もうまくいかず、日ならずして夫に去られ、そこで恋仲となった男性とのあいだにマリリンが生まれる。本名の姓がモーテンセンとなっていてもマリリンの父親は別だとされている。ところが、この男性もグラディスとの生活を選択しなかった。グラディスはわが子の世話を祖母に託そうとするが、精神を病んでいた祖母にその力はなく、止むなく知人に養育を依頼することになる。

祖母はマリリンが二歳になるまえに入院中の精神病院で亡くなる。一九三四年ごろからはグラディスも精神を病み入退院を繰り返す。この間にわずかながら母とともに過ごす時期もあったが、九歳になったマリリンは一九三五年にロサンゼルスの孤児院に引き取られる。二年ほどここで養育されたのち再びグラディスの友人あるいはそのまた知人に引き取られて育つ。そして一九四二年、十六歳になったばかりの彼女はハイスクールを五ヵ月で中退してロッキード航空機製造の工員と結婚する。

このようにマリリンは身近にいるべき肉親の愛情を受けられずに育った。それは貧しさゆえではない。当時のアメリカの経済は一九二九年に始まった世界恐慌の影響から完全には抜け出しておらず、マリリン母子が特別に貧しかったとはいえない。唯一の肉親というべき母グラディスが精神を病んで養育の任を果たせない状態にあったことが不幸であった。他人のようすを窺《うかが》いながらの生活がそうさせたのか、幼いころのマリリンにはどもる癖（吃音《きつおん》）があったといわれている。

十六歳になったばかりの結婚はマリリンの行く末を案じたグラディスの友人の勧めによる受け身なものであったといわれているが、それでも夫婦仲がとりたてて悪かったわけではなかったようだ。しかし、夫のニューギニアへの従軍を契機に別々の人生を歩むことになる。マリリンはロサンゼルスに残り、航空機の部品会社の女工になる。

当時一九四四年は日本の敗色濃いとはいえまだ太平洋戦争のさなかで、米国では戦地に駆り出された若者向けの雑誌が人気を博していた。そこに載せるべく「軍需工場で働く若い女性」の写真を探す陸軍の報道班員の目にとまったのがマリリンであった。これをきっかけにしてマリリンはいまでいうグラビアアイドルとして注目され、端役を経たのち、一九五三年にはハリウッド映画『ナイアガラ』の主役に抜擢される。有名なモンローウォークが多くの男性を魅惑する。その後は矢継ぎ早に『紳士は金髪がお好き』『百万長者と結婚する方法』『七年目の浮気』『お熱いのがお好き』などに主演し、戦後のスクリーンを飾るセクシー女優として人気を博す。

一九五四年にはヤンキースのスター選手であったジョー・ディマジオと、一九五六年には作家アーサー・ミラーと結婚する。このような経歴を辿《たど》ると彼女の半生はまさにアメリカンドリームの体現のように見える。しかしそれは見かけであって、マリリンの精神は徐々に不安定さを増幅させていくのである。

彼女はときおり自分もいつか母や祖母のように精神を病むのではないかと不安がったという。睡眠薬は十七〜十八歳のころから服用していたらしく、その量は次第に増え、幾度か自殺未遂も起こす。あとで言及するが、三十六歳で死亡する原因をその流れとする意見もある。また、いままで明るく話していたのにいきなり怒りだしたり、ずばずばものをいうかと思うと急に黙りこくったりしたこともあったという。二回の流産も経験し、ミラーと離婚した一九六一年には精神病院に入院させられる。

彼女の危惧は杞憂《きゆう》にすぎなかったのか、あるいは現実のものとなったのであろうか。母グラディスや祖母の病の詳細がわかれば参考になると考えるのだが、それを知る資料は極めて少ない。著者は前段で祖母もグラディスも〝精神を病んでいた〟とだけ述べた。この具体性を欠いた記述に読者は何かはぐらかされた感じを抱かれたかもしれないが、それ以上に詳しく記述する手懸りがなかったからである。そこで、以下は著者の推測である。

ある成書によるとグラディスが病院に入院させられるとき、「凶暴に暴れて担架にゆわいつけられて祖母と同じ病院に運ばれた」とある。興奮状態になる精神疾患にはどんな種類があるのか。一般的なところなら慢性のアルコール中毒を思いつく。しかし、グラディスに飲酒歴があったふしはない。強制的に祖母と同じ病院に入院させられた点を重視すると、遺伝性の可能性を秘めた疾患として分裂病（統合失調症）の名が浮かぶ。分裂病にもいろいろなタイプがあって診断はそれほど簡単ではないのだが、妄想に苦しんだとは伝えられていないので、あえていえば緊張型分裂病なのだろうか。

限られた伝聞をもとにマリリンの母は分裂病であったかもしれないとするのは、可能性として挙げただけとしてもあまり穏やかではない。それでというのではないが、よく考えると〝精神を病んだ〟を短絡的に〝精神疾患を患った〟と置き換えるのは間違いかもしれない。

精神医学による精神の異常の分類のなかに人格障害という項目がある。ひらたくいえば、病気とまではいえないがふつうでもない状態のことであり、そのなかのひとつに「情緒不安定性人格障害」がある。医学的な定義の一部を紹介すると「感情の不安定さをともない、結果を考慮せずに衝動に基づいて行動する傾向が著しい人格障害……」となる。グラディスはともかくも、マリリンにはこれがあるていど当てはまるように思える。

まえにも述べたようにマリリンは結婚を三回しているが、長くてもアーサー・ミラーとの四年間が最高で、夫婦生活はいずれも短期間に終わっている。このほかにもケネディ兄弟を含めて多くの男性と浮き名を流す。それは性にだらしないというよりは自己の思うままの愛情を求めた結果ではなかったのか。養育期に肉親と離ればなれであったために愛情の貰い方や伴侶とのほどよい距離感が理解できなかった。人格障害は幼児期における母子関係に問題のある場合に起こりやすいとされている。

愛を失うからつぎの愛を求める。その原因をはっきり認識せぬまま失われた愛をつぎの愛で補おうとする。止まることのないその繰り返しがマリリンの精神から平衡を奪い、薬物への依存を強めていくことになる。著者にはそんなふうに思えるのだが、見当違いであろうか。

スターの仲間入りしたのちの彼女にとって肉体だけの女優という評判は満足するものではなかった。演技派をめざして指導を受けたり、教養を求めて大学の講義を聴講したりした。それでも映画評論家はときに容赦のない批評をする。最後の主演となる一九六一年の『荒馬と女』の撮影ではたびたび予定の時刻から大幅に遅れて現場に現われるなどわがままな行動が目立ち始め、次回作『女房は生きていた』では撮影が滞って、ついには主役を降ろされてしまう。

ミラーとの破局前後からケネディ兄弟との交際が始まる。兄ジョン・ケネディが先で、大統領の醜聞を心配して始末に訪れた弟のロバートとも親密な関係になったとされている。ロバートとは結婚を意識して周囲にそれらしきことを匂わせたともいわれている。マリリンはみずからの立ち位置を見失い、ミラーとの別離によって空虚となったこころをこれまた空虚な上昇思考で満たそうとしたかにみえる。

一九六二年八月五日の早朝、彼女はロサンゼルス郊外の自宅寝室のベッドで俯せになった状態で発見される。すでにこの世の人ではなかった。寝具は身に着けておらず、右手には受話器が握りしめられていたという。枕元にはバルビツール系の睡眠薬の空瓶があり、剖検で血液中や肝臓にその成分が認められたが、遺書のないところから死因は急性の薬物中毒と判断された。ただ、寝室には薬を飲むためのコップがなく、薬物中毒においてしばしば見つかる嘔吐の跡も認められず、胃のなかに睡眠薬の痕跡も残っていなかったりと、公的な判断と矛盾する点も少なくなかったと伝えられると、巷間には他殺説も流れた。

ケネディ兄弟との関係を書き留めていたはずの日記やその日に掛けたはずの電話の通話記録が消えていた。そこで、醜聞を怖れたロバートが殺害させたという説。ジョン大統領とその下で司法長官としてマフィアの撲滅に精力を注ぐロバートの政策を変更させる取引として、あるいは不倫をねたに脅す目的でマフィアが殺害したという説。などなど諸説紛々である。真相はわからない。マリリン亡きあと、一九六三年にはジョン、一九六八年にはロバートが暗殺される。これらの事件がマリリンと関連しているのか否かは別にしても、自由の国アメリカの闇はいかにも底が深い。

以上、マリリンのカルテとしてその精神面を覗くことになったのだが、彼女の遺体には虫垂炎《ちゅうすいえん》と胆嚢炎《たんのうえん》の手術跡があった。それらは二十六歳および三十五歳時に行われたものである。ほかに輸卵管《ゆらんかん》の癒着も認めたというから、彼女はたびたび腹痛に襲われたはずである。三十六年間の短い人生は精神のみでなく肉体的にもあまり恵まれたものではなかった。

映画スター——燃え尽きたヒロイン

異なった星の下に生まれ、いまはともに天に輝くふたりのスター、オードリー・ヘップバーンとマリリン・モンロー。読者はどちらが好みですか。

医学者——消極的自殺

野口英世（一八七六～一九二八年）

山中伸弥博士が二〇一二年のノーベル生理学・医学賞を受賞された。同じ賞は一九八七年に利根川進氏も取られているが、医学部出身の研究者としての受賞はわが国で初めてのことである。博士はそれぞれに与えられた働きをするようにできあがった細胞からまだどの臓器の細胞になるのか決まっていない未熟な細胞（iPS細胞）をつくる方法を見つけた。受精卵からそんな未熟な細胞を取り出すといった常識的な業績ではなく、細胞の進化（分化）を逆戻りさせてみせたのである。iPS細胞は卵子や精子にもなりうるはずだから、将来は髪の毛一本からヒトを創ることも可能になるかもしれない。SFの世界もたんなる絵空事ではなくなってきた。再生医療に繋《つな》がるか否かは今後の展開次第だが、博士の発見に日成らずしてノーベル賞の栄誉が与えられたのは頷ける。

いずれ博士は歴史に名を留めることになるだろうが、まだ活躍のさなかであって、いくら興味深いからといってここで氏のカルテを覗くのは早すぎる。

山中博士のように受賞とはいかなかったものの、その候補に上った医学者はわが国にもこれまでに何人かいる。破傷風菌《はしょうふうきん》の培養とその血清療法に成功した北里柴三郎、ビタミンB_1を発見した鈴木梅太郎、梅毒の化学療法を考案した秦佐八郎、人工的な発癌を立証した山極勝三郎らである。また、戦前戦後を通じて小学校の教本にハンディキャップを克服した努力の人として紹介され、長らく少年少女の読む伝記物語の常連であった野口英世もそのひとりである。

彼は還暦を過ぎた著者たちには立志伝中の医学者として記憶の奥にしまわれているのだが、

近年は日本人の気質も微妙に変化してきたので努力の人も幾分影が薄れてきたのかと思いきや、依然として常に児童向けの伝記には名を連ね、いつのまにか千円札の表舞台にも登場していた。そこで、今回は氏のカルテを覗き見してみる。

野口英世は一八七六年（明治九年）十一月九日、福島県の中北部に位置する耶麻郡三ツ和村（現在の猪苗代町）で農家の長男として生まれる。そこは北に磐梯山を望み、南に猪苗代湖を控えた戸数三十軒ほどの寒村であった。男子に恵まれず二代つづけて婿養子をもらい、その婿たちがあまり働き者でなかったらしく、英世が生まれたころは母シカがひとりで支える一家の生活はことのほか貧しかったという。なお、彼は清作という名をつけられたが、成人後に坪内逍遥の小説『当世書生気質』を読んで野々口清作という自身の名に似た放蕩な主人公が登場するのを知り、二十三歳のときに英世と改名する。混乱するといけないので本稿では幼少期も改名後の英世で統一した。

一八七八年（明治十一年）四月の末、英世一歳五カ月のとき、読者周知のできごとが起こる。板敷きの居間に寝かされていた英世がいろりに転げ落ちたのである。母シカがいろりに下がった自在鉤《じざいかぎ》に鍋を掛け、軒先の畑に野菜を採りに行った隙《すき》のできごとだったと伝えられている。一歳半の幼児に火が危険だとの認識はなく、歩くことはできてもまだよちよちと不安定である。いろりに転げ落ちた拍子に英世の左手は赤く燃える薪のなかに吸い込まれた。火傷《かしょう》はそのていどによって四段階に分けられる。紅くなる（紅斑《こうはん》）だけなのが一度、加えて水膨れ（水泡）やただれ（糜爛《びらん》や潰瘍《かいよう》）のできるのが二度、皮膚やその奥の筋肉が壊れて（壊《え》死《し》）してしまうのが三度、それらが焼け切ってしまう（炭化）のが四度である。火傷の深さによる分類もある。皮膚の表面だけの表皮火傷、表皮の下の層まで及ぶ真皮深層火傷、皮膚より奥まで達する皮下火傷。英世の左手はまえの分類なら第三度、あとの分類なら皮下火傷であった。

村には医師はおらず、地域の中心であった会津若松までは五里（二十キロメートル）の道程を歩かねばならない。シカは近隣では知識人として知られていた僧侶のもとにわが子を抱えて駆け込んだ。そこでどのような治療が行われたのかわからないが、現代のようなものではないことは確かで、せいぜい水で洗ったのち、まともな消毒もせずに丸まった手をそのまま布で覆い被せただけといった体裁だったのだろう。この時代はまだ包帯という用語も生まれていなかったし、しばらくまえまでポピュラーな消毒薬であった赤チンですらわが国に登場したのは昭和十四年のことである。傷の癒えたあとの左手は指が掌側に曲がって互いに癒着し、瘢痕《はんこん》によるひきつりによって丸まったままとなった。

英世は高等小学四年のときにアメリカ帰りの外科医として評判の高かった人物（渡部鼎《わたなべかなえ》）の開く会津若松の医院で指の癒着を剥《は》がす手術を受ける。治療費は訓導（現在の教諭）であった小林栄の計らいによって英世の同級生や教職員から集めた醵金《きょきん》が充てられた。

鼎の執刀によって英世の指は切り離された。しかし、いまのようにそこに皮膚を移植するといった工夫はされなかったから、指の根元は再び癒着し、ひきつって成長の妨げられていた左手が元どおりになることはなかった。世に出たあとも写真に記録される英世の左手はたいてい身体の陰あるいは上着のポケットのなかにある。物ごころつかないころからのことであって恥ずかしいという感覚とは違うのだろうが、彼は努めて異形を人目に曝《さら》すのを避けた。

火傷が好ましいできごとのはずがないのだが、これがなければハンディを克服して医学者として活躍する伝記の主人公たる英世は生まれなかった。そんな意味からすれば、火傷はただ不幸なできごととばかりとはいえなかった。

英世は訓導小林の勧めもあって医師をめざす。現在なら大学の医学部に入学となるのだが、学制が未熟な当時であっても高等小学校しか出ていないものが、唯一東京にできた帝国大学はむろんのこと、各地方の医学専門学校に入ることはできない。さしあたって中学に進むといった選択肢も野口家には許されなかった。そのような場合、志のあるものにとってはすでに開業している医院に書生として入って経験を積んだのちに医術開業免許試験を受けるというのが一般的な道であった。英世も渡部鼎の開く会陽医院の書生になる。

およそ三年間の書生生活を終えると、生家の床柱に「志を得ざれば再び此地を踏まず」と刻んで上京。開業試験のために済生学舎（日本医科大学の前身）に通い、明治三十年に二十一歳の若さで試験に合格する。その後は順天堂医院（順天堂大学の前身）や北里柴三郎の設立した伝染病研究所の雇用人、横浜の海港検疫官などを経て、一九〇〇年（明治三十三年）の末に渡米する。

ここまで経歴の概要だけを紹介すると一見順風満帆な半生に見えるかもしれないが、書生上がりの医師が医学界で帝大出の学士ほどの処遇を受けることが困難な時代に野口は失うもののない分だけ大胆な行動をもって人生を切り開いていったのである。フィラデルフィアのペンシルバニア大学に病理学者フレクスナーを頼って渡米したのも、フレクスナーが来邦した折にちょっとしたきっかけで通訳のまねごとをした関係を頼っての押し掛けといったものであった。

少なくとも細菌学者として名をなすまでの野口の行動は当たって砕けるのもよし、いまより悪くなることはないだろうという突貫精神に根ざしたものであった。それは貧しさと左手の異形に負うところが大きいと思うのだが、明治という新たな秩序ができつつある時代に生きた人々があるていど共通してもっていたものなのかもしれない。

野口は努力家でもあった。幸運にもペンシルバニア大学に雇われると、夜に日を継いで研究に明け暮れた。フレクスナーの研究を引き継いだ血清学的な蛇毒の研究に没頭し、一九〇四年にはニューヨークに新設されたロックフェラー医学研究所の正式な研究員に採用される。その後はトラコーマの病原体の探求、一九一一年には梅毒の病原体スピロヘータ・パリダスの純粋培養、一九一三年には梅毒による進行性麻痺の患者の脳および脊髄液中にスピロヘータを発見、さらには小児麻痺および狂犬病の病原体の探求などの業績を積み、細菌学者としての地位を築いていく。そして、一九一八年ロックフェラー財団の求めに応じて黄熱病《おうねつびょう》（正確には黄熱）の原因究明のために南米エクアドルに赴く。

黄熱は南米および赤道アフリカに見られる伝染病である。三〜六日の潜伏期を経て高熱、肝臓や腎臓の障害、出血傾向などを起こし、致死率は数十％に達する。病名は肝臓の障害によって現われる黄疸《おうだん》に由来している。熱帯における疾病なので日本人が苦しめられた歴史はないのだが、パナマ運河を建設して実質的な運営を手にしていた当時の米国にとって、その克服は緊急の課題であった。国家的な努力をしても、ネッタイシマカの媒介によって感染するあたりまではわかったものの、肝心な病原体の実体を捉《とら》えることはできていなかった。

年を越えた一九一九年、野口は黄熱の病原体を発見したと発表する。これまで多くの学者が派遣されながら誰もなしえなかった快挙によって彼の名声は頂点に達する。一九一四年と一九一五年に続き一九二〇年さらに一九二四年と四たび彼はノーベル医学賞の候補に挙げられる。

一九二七年、野口はロックフェラー財団によって黄熱研究所の設置されていた西アフリカに赴く。エクアドルと同じようにアフリカでも黄熱の病原体を見つけてみずからの発見の正しさを立証する必要があったのである。

彼のエクアドル遠征に先立つ一九〇〇年にキューバに派遣された米国の黄熱研究委員会はいくら探しても病原体を発見することができなかった。そこで、委員たちは病原体が細菌よりも小さいために濾過器を通過してしまって捉えられないのではないかと推測した。ところが、野口は黄熱の患者から梅毒と同じくスピロヘータに属する病原体を発見したという。ちなみにスピロヘータというのはらせん状の形をして活発な固有運動をする細菌の一群のことで、一定の大きさがあって濾過器はすり抜けられない。そこで、彼の発見に疑義を唱える研究者も現われ、一九二七年には濾過器を通した液体にも感染力のあることが示される。

野口は十月二十二日にニューヨークを船出し、十一月十七日に研究拠点と決めたアクラ（現ガーナの首都）に到着。さっそく研究にとりかかる。その年の暮から新年にかけて彼は悪寒と嘔吐に苦しむ。自身は軽い黄熱に罹《かか》ったと思ったらしいが、現地の病院による診断はアメーバ赤痢《せきり》であったようだ。一月九日には退院し、研究を続行する。それはサル四百匹を使うという贅沢で実に大掛かりなものであった。しかし、いくら実験を重ねても見つかるはずの病原体は姿を現わさない。実験を精力的にこなせばこなすほど彼の焦燥感は募っていく。実験材料の不足、研究員の無能さ、同僚への不満など、癇癪《かんしゃく》気味《ぎみ》な内容の手紙を幾度となく上司フレクスナーに送るが、それで研究が思惑どおりに進むわけもなく、野口はニューヨークでの研究を期して五月十九日に帰国と決め、五月十日には研究所の本部があるラゴスに向かう。

翌十一日から野口は悪寒に襲われ始める。十二日には体調の悪いなかをアクラに戻るが、十三日には悪寒に加え頭痛を訴え、嘔吐を繰り返す。十四日から十八日にかけて快方に向かうようにもみえたが、十九日には痙攣《けいれん》の発作を起こし、二十日には意識混迷となり、一九二八年（昭和三年）五月二十一日の昼十二時に息をひきとる。五十一年の生涯であった。野口の病理解剖の結果は黄熱の罹患を示すもので、死の報は細菌学者の英雄的悲劇として日本のみならず世界を駆け巡る。

結局、野口はアフリカにおける黄熱の原因をつきとめることはできなかった。だからといって一九一九年の発表が否定されるわけではない。しかし、思うような結果のでない実験を繰り返すにつれ、野口はもし自身の発見が誤りであったらこれまで築きあげてきた名誉はどうなるのかといった不安にかられていったのではないだろうか。黄熱病原体の発見が間違っていたらどうしますかという記者の質問に彼は「私も日本人だ。そのときは覚悟がある」と応じ、日本人仲間に「……血のにじむような苦労をして、それでも当たらないなら、鉄道自殺でもやるかもしれないな」と語ったという。実は、一部で彼の死は病原体の摂取による自殺ではないのかと囁《ささや》かれるのである。

いまでは黄熱の病原体は細菌より小さいウイルスの一種だとわかっている。野口の時代にも濾過性病原体という概念はあったが、それはまだウイルスの存在を具体的に想定したものではなく、一九三八年に電子顕微鏡が発明されてはじめてその存在は明らかになる。野口がいくら腕のよい細菌学者だとしても、光学顕微鏡によって黄熱の病原体を発見することは不可能だったのである。彼が黄熱の病原体だと思ったのは稲田竜吉と井戸泰が一九一九年に発見したワイル病（黄熱と同じく風土病のひとつ）菌のスピロヘータではなかったのかといわれている。

自殺説は当たっているのだろうか。黄熱によって現地で命を落とした研究者は彼だけではない。病理解剖の執刀をした同僚も野口の死から日ならずして亡くなっている。また、野口はロックフェラー研究所で研究を再開する準備もしていた。自殺説は扇情的にすぎるというのが著者の印象である。ただ、自殺の解釈を拡げて積極的なものと消極的なものとに分けられるとすれば、彼の死は後者であったという言い方はできるかもしれない。

科学において実験を重ねれば重ねるほど結論が不明確になっていくのはそれ自体のどこかに誤りのある場合が多い。野口は結論を固定、つまり黄熱の病原体は見つかるべきだとみずからに課したため遮二無二実験に終始し、つい汚染に対する用心を怠った。あるいは、濾過された成分に病原体は存在しないはずだと思うあまりにあえて無防備な操作を続けた。そんな隙をついてウイルスは容赦なく野口の体内に侵入した。この想像が的外れでなければ彼の死は事故というよりは消極的自殺と呼ぶほうが真実に近いことになる。あくまで著者の勝手な想像にすぎない。本当のところはわからない。

俳人――病雁のごとく

松尾芭蕉（一六四四～一六九四年）
小林一茶（一七六三～一八二七年）

「旅に病んで夢は枯野をかけ廻《めぐ》る」芭蕉が死期に臨んで詠んだ、いわゆる辞世の句である。

松尾芭蕉（幼名は松尾金作）は一六四四年（寛永二十一年）伊賀の国は上野に郷士の子として生まれる。一時期は藤堂藩に仕えたが、主家の継嗣《けいし》が亡くなり、父の跡を継いだ兄の居候のような立場になったことから三十歳ごろから本格的に俳諧の道に入っていく。

当初は漢学の知識をもとに格式を重んじる句作をよしとする貞門派、つづいて時代の流行を取り入れてよりくだけた句作を心がける談林派、それらの影響を受けながら、諸国を旅して句集を編み、次第に蕉風と呼ばれる独自の作風を確立していく。そのなかにあって、四十六歳にして江戸から奥羽および北陸を巡って大垣に至る約五ヵ月間におよぶ紀行俳句集『おくのほそ道』は代表作としてあまりにも有名である。

晩年の芭蕉は、俳諧は〝不易流行《ふえきりゅうこう》〟を旨とすべきと説く。守るものは残しながら新しいものも取り入れるという意味なのだろうが、俳句に蘊蓄《うんちく》のない著者にはわかったようでわからない。われわれのよく知っている句がその主旨の具体例なのだろうと思うので、時代順に列挙して理解は読者に委ねることにする。「古池や蛙飛びこむ水のをと」「名月や池をめぐりて夜もすがら」「夏草や兵共がゆめの跡」「閑さや岩にしみ入る蝉の声」「さみだれを集めて早し最上川」「荒海や佐渡によこたふ天河」。さらにこんな句もある。「物いへば唇寒し秋の風」「秋深き隣は何をする人ぞ」。

芭蕉は生涯におよそ一千句を詠む。そして一六九四年（元禄七年）、旅先の大坂において五十一歳で終焉を迎えることになるのだが、その三日まえに弟子の呑舟《どんしゅう》を呼んで書き写させたのが冒頭の句である。

一面に枯れ尾花のなびく荒涼とした平原にひとり佇《たたず》む芭蕉は何を夢見たのであろう。俳諧師の道を歩まなければもっと幸せな人生を送られたのではないか。終生正式な妻をもたなかった芭蕉もいっとき寿貞《じゅてい》という名の女性と同じ庵に生活したことが知られていて、ひょっとして彼女との逢瀬に想いを馳せたのだろうか。俗っぽい著者の想像が行き着くのはせいぜいこんなところなのだが、芭蕉がそんなことを想うはずはない。最期の句を詠んだあと、枕頭にやはり弟子のひとりである支考《しこう》を呼んでつぎのように語ったという。

「齢五十を過ぎて生死の境目にありながら、寝ては朝の雲、夕の煙のなかを翔《か》け、醒めては山水花鳥の声に驚き、句作の思いを断ち切れない。人生は旅であり、まさにその途上で死を迎えるのは本望であったはずなのに、この期に及んでなお理想の句を求めようと思い煩《わずら》う自分が何ともなさけない」（著者拙訳）。そんな意味のことを支考に告げるのである。つまり、枯野をかけ廻る夢は理想の俳句を詠みたいという飽くなき願いなのである。さすが古今の俳人のなかにあって第一人者として名を残した芭蕉のいうことは格が違う。

さて本題に入るのだが、芭蕉の死因は何であったのか。最期の旅のようすは其角《きかく》の『芭蕉終焉記』や支考の『笈《おい》日記』、さらには自身の書簡に記録されている。これらをまとめるとだいたいつぎのような経過になる。

芭蕉は一六九四年（元禄七年）九月八日に支考ら弟子とともに故郷の上野を立ち、奈良で一泊したのち九日に大坂に到着する。その翌日から熱が出て悪寒や頭痛に悩まされる。それでも当地の俳人の求めに応じて幾度か句会に顔を出して過ごす。十日間ほどでやや体調を戻すものの、二十九日の夜から今度は激しい下痢に身舞われる。下痢は翌十月初めまで続く。あとで述べるが、芭蕉は以前から自身の健康に不安をもっていて、いよいよ来るべきときがきたと覚悟したのであろう。九日には辞世となる先の句を遺す。十日ごろからは高熱を出し、十一日からは何も口にできなくなる。そして十二日の申《さる》の刻（午後四時）ごろ、「月日は百代《はくたい》の過客《かかく》にして、行きかふ年もまた旅人なり。舟の上に生涯を浮かべ、馬の口とらへて老いを迎ふる者は、日々旅にして、旅を栖《すみか》とす。古人も多く旅に死せるあり」と書き出す『おくのほそ道』そのままに南御堂前の貸し座敷を人生の旅の終着点とする。

発熱に始まって下痢を起こしたところから、まず感染性の腸炎を疑う。いまなら毎年流行するノロウイルスによる腸炎を思い浮かべるが、三百五十年まえに同じ病気があったかどうかはわからない。もしあったとしてもこれで死亡するのは稀な気がする。赤痢《せきり》や腸チフスはどうであろうか。これらは江戸時代にもあったようだし、とくにチフスは二週間ほどの潜伏期を経て発症するので可能性がありそうにも思える。ただ、特徴のひとつとされる発疹が出たという記録がないのが欠点である。赤痢であれば、芭蕉を見守る門人の誰かも寝込んでもよさそうだ。話が逆戻りするようなのだが、芭蕉はみずからの健康状態についていくつかの句を詠んでいる。「薬のむさらでも霜の枕かな」「病鴈《びょうがん》の夜さむに落て旅ね哉」「みな月はふくべうやみの暑かな」「夜着ひとつ祈出して旅寝かな」などがそれである。

俳句は十七文字の短さゆえに含蓄に富む分だけ意味合いが掴《つか》みにくいため、それぞれに添えられている前文などを参考にし、著者なりにまえの句を要約すると「そうでなくても寒々とした夜に癪《しゃく》が起こって薬を飲む心細さよ」「旅先で臥しているのは群れから遅れて飛ぶ弱った鴈《かり》のようだ」「ふくべう（腹病）の発熱のような六月の暑さよ」「旅先で持病を起こしたが、夜具が与えられたのは薬師の霊験か」となる。癪は現代風にいうと腹痛、腹病はそのまま腹部の病と理解すればよいのだろう。これらの句は四十四歳から四十八歳にかけて詠まれたものである。

芭蕉の遺した手紙にも同じようにみずからの健康について吐露している部分が探せる。岩波文庫の『芭蕉書簡集』を詮索してみると、ちょっと目を通しただけでも三十八歳に記した手紙を筆頭にして十八通に認められる。その言い回しは「持病指発り《さしおこ》」とか「持病がちにて」などといった簡単なものがほとんどなのだが、「持病下血などたびたび」「ぢのいたみもやわらぎ候」「持病疝気音信《せんきおとづれ》」と少し具体的な内容の箇所もある。その記述からすると芭蕉が持病だと思っていたひとつは痔《じ》（正確には痔核《じかく》）だとわかる。いわゆる切れ痔なら下血は説明できる。ただ、それで疝気を説明することはできない。疝気は現代的に表現すると突然起こる腹痛のことで、いうまでもないが痔核で起こることはない。持病はもうひとつあることになる。

以上のように、芭蕉は少なくとも三十代後半から持病としてしばしば腹痛に悩まされていた。

最期に激しい下痢を起こした情況を考え併せると、かねがね何らかの消化器系の病気をもっていて、その悪化が命を奪ったと考えるのが最も自然であろう。では、腹痛、下痢、発熱を起こす消化器系の病気は何だったのか。

一般的なところとして思いつくのは胆石症である。これがあればときどき右の上腹部（季肋部《きろくぶ》）が痛み、胆石の存在に関連して炎症を起こして胆嚢炎《たんのうえん》になれば熱も出る。胆汁がうまく流れ出なければ下痢もする。抗生物質のない時代には死に至る場合もあっただろう。ただ、胆石の七十％ほどはコレステロールの固まった種類のもので、結石として成長するまでには相当な期間を要するので、現代ほど油っぽい食事をしていなかったはずの芭蕉が、それも三十代そこそこで胆石症を発症していたと推測するのには多少の無理がある。また、胆石症による腹痛は前述したように右季肋部に起こるのを常とするので、観察力の優れた芭蕉なら単に癪とか疝気とかではなく、右左を区別できる記述をどこかに遺していてもよさそうな気がする。腹痛は腹部全体あるいはときどきによって部位が違っていたのではないだろうか。

慢性に経過して腹痛、下痢、発熱を繰り返す疾患に潰瘍性大腸炎《かいようせいだいちょうえん》およびクローン病という炎症性腸疾患がある。何らかの感染をきっかけにして免疫が過剰に働きすぎることで発症すると考えられている。悪化すれば腸の壁に穴が開いたり（瘻孔《ろうこう》）、膿《うみ》が溜ったり（膿瘍《のうよう》）して命とりになる。クローン病は潰瘍性大腸炎と異なって大腸に限らず小腸や肛門部を含んだすべての消化管に炎症が拡がりうるから、出血して芭蕉が痔だと思っていたのも実はクローン病の症状の一部であったのかもしれない。

　クローン病は厚労省が難治性疾患克服研究事業の対象に指定している。早急な治療法の開発が望まれるいわゆる特定疾患のひとつである。「芭蕉はそんな難病のひとつに苦しんでいた」となれば週刊誌や雑誌の編集者が喜びそうな相当に劇的な推理であると著者も悦に入ったのだが、この疾患は日本全国でも数万人の症例を数えるだけの稀なもので、果たして江戸時代に存在していたものなのかどうかこころもとない。劇的であっても確率の低さがこの説の弱点といえる。クローン病のように芭蕉の長い病歴をうまく説明でき、なお稀でない疾患はないのだろうか。

　うってつけの病があった。腸結核である。結核というと読者はたいてい肺病を連想すると思うのだが、病変が腸に限局する場合もあって、繰り返し現われる下痢、腹痛、発熱が代表的な症状である。肛門部に病変が及べば痔核に似た症状も現われる。結核は明治から戦前の昭和まで死亡順位の第一位を占めており、江戸時代もこれと変わることなく人々は労瘵《ろうさい》（結核のこと）を不治の病として怖れていた。決して稀な病ではなかったわけで、腸結核が著者の推理の到着点である。

　このほか、『芭蕉終焉記』の「……菌《くさびら》の塊積《つかえ》にさわる也と……」という記述を根拠にしてキノコによる食中毒がもとで亡くなったとする説もある。芭蕉の真の姿は幕府の隠密であったという俗説にとってはキノコの毒で暗殺されたなどと想像を逞《たくま》しくすることもできて面白いかもしれないが、毒キノコのせいにしては病床について亡くなるまでが二週間近くというのは少々長過ぎる。

ところで、著者はここまで断りもなく俳諧と俳句とふたつの表現を使って話を進めてきたのだが、ご存じの読者ばかりではないと思うので、両者はどう違うのか少し説明し、芭蕉のほかにもうひとりの俳人を採りあげてみようかと思う。

平安時代から鎌倉時代にかけて短歌の上句（五七五）と下句（七七）を内容に関連性をもたせながら数人で交互に詠みつづけていく連歌という文芸が生まれた。当初は格調の高さが重んじられたが、しだいにくだけた内容の句も詠まれていき、俳諧連歌と称されることになる。そのうち、いくつもの句を連ねる手間が敬遠されて最初に詠まれる句（発句《ほっく》）だけを作品として評価する流れができ、これが俳諧と呼ばれるようになる。つまり、連歌の発句が独り立ちして俳諧になった。さらにときが流れ、俳諧は俳句と言い換えられる。一般的には明治時代に正岡子規が旧態然とした俳諧を新たに文学のいち分野に昇華させる意図をもって改称したとされているが、他書によると俳句という表現は子規を待たずとも江戸時代の文化文政期にすでに使われていたという。

芭蕉の死から百年ほど経ち、俳句ということばが使われ始めたちょうどそのころ、異色の俳人が登場する。「我と来て遊べや親のない雀」「痩蛙負けるな一茶これにあり」「雀の子そこ退けそこ退けお馬が通る」「めでたさも中ぐらゐなりおらが春」など、癒しを求める平成の時代にも受けそうな句を詠んだ小林一茶である。それらの句から受ける印象とはかけはなれた壮絶な人生を歩む一茶のカルテを覗いてみたいと思う。

一茶（本名は小林弥太郎）は一七六三年（宝暦十三年）に信濃（現在の長野県）の宿場町に住む農家の長男として生まれる。大過なく年月を経れば土着の家系として自らの田畠をもってほどほどに生活できる自作農を継ぐはずであった。ところが、三歳のときに母（年齢不詳）が亡くなる。祖母に育てられる日々が続いて八歳のときに継母が嫁いできて、翌年には異母弟が生まれる。実母に代わる庇護者として祖母がいたあいだはよかったが、十五歳になるとその祖母も六十六歳で亡くなる。実子に跡を継がせたいと目論《もくろ》む継母との軋轢《あつれき》は日ごとに増し、弥太郎は父の勧めもあって江戸に出ることになる。

江戸への出立はそれなりの伝手《つて》を手繰《たぐ》ってのことだったのだろうが、どこに寄宿し、どんな仕事についたかははっきりしていない。生涯に詠んだ句は芭蕉の約千に対して一茶は約二万に及ぶ。筆まめは句作に止まらず彼は紀行や日記あるいは書簡も多くを書き遺している。にもかかわらず、江戸に入ってから二十代後半までの経緯についてはなにも記していない。俳諧師たるべき者には不要、かえって邪魔と考えたのかもしれない。資料の上で彼の境遇が明らかになるのは葛飾派と呼ばれる俳句の門人となった二十八歳ごろからである。

葛飾派というのは芭蕉とも交流のあった山口素堂に始まる流派で、その流れを汲む宗匠・二六庵竹阿に弟子入りした一茶は三十歳で四国および九州への行脚の旅に出る。あしかけ七年に及ぶ西国の旅は俳句の題材を求めるに止まらず、各地の俳句愛好家と知遇を得るのにも役立ち、徐々にその名も知られるようになる。現代の売れっ子作家が印税によって送る華やかな生活とはほど遠いものの、江戸に戻った一茶は俳諧師として一応の生計が立てられるようになる。後援者や同好の士との句会に参加したり、時折は江戸近郊への旅に出かけたり、しばらくはまずまずの穏やかな生活が続いたようである。しかし、四十歳近くになったころから人生は不穏な展開を見せ始める。

三十九歳で父親が亡くなると、継母と異母弟とのあいだに田畠相続の争いが起こる。ほぼ十年間にわたる争いは近隣の住職の斡旋もあって遺産の折半に落ち着くのだが、この間に一茶は晴れぬ気持ちでたびたび故郷と江戸を行き来することになる。五十歳も過ぎると頭にも白髪が目立ち始め、「初霜や茎の歯ぎれも去年迄」と歯の具合も悪くなってくる。一八一三年（文化十年）五十一歳になった一茶は故郷に戻る。その翌年には二十八歳のきくと初めて所帯をもち、落ち着いた生活が始まるかにみえた。

しかし、人生はさらに壮絶さを露《あらわ》にし始める。まず、五十四歳で長男を授かるが一ヵ月足らずで死亡する。五十六歳で授かった長女は痘瘡《とうそう》に罹《かか》って一歳余で亡くなる。さらに五十九歳で得た次男は母親の背中で窒息死する。妻きくが病がちになったため三男を他家に預けるのだが、十分な乳を与えられなかったらしく衰弱死する。同じ年にきくも病で亡くなる。一茶六十一歳のことである。およそ八年間で三男一女と妻をも喪うわけで、いくら医療の未熟な時代であったとしても暗澹《あんたん》たる人生というほかない。

一茶は自身の健康にも苦しむ。五十四歳の夏に瘧《ぎやく》に罹患する。瘧というのは当時はおこりとも呼ばれる発熱を主徴とする病気で、今日でいう三日熱マラリアのことを指しているとされる。日本でマラリアというと読者はびっくりすると思うが、マラリアにもいろいろあって、南方で猖獗《しょうけつ》なのは熱帯マラリアで三日熱マラリアはこれとは病原体が異なって二日おきに発熱を繰り返すもので江戸時代にも流行ったという。ただ、瘧に患ったとしたのは一茶の言によるものなので、発熱がなかなか引かない日々が続いたのをそう表現しただけのことかもしれない。

同じ年の秋にはきく宛の文に「……去る十一月より疥癬《かいせん》発し、外へ行くも遠慮いたし居り候所……今以てぢくぢく膿水したたり申し候……」とか弟子への書簡に「十一月初つかたより、ひぜん（皮癬）といふ腫物総身にでき申候得ば……」とあるように皮膚病に罹る。疥癬は皮癬とも呼ばれていて、指のあいだ、下腹部、外陰部、乳房部など皮膚の軟らかいところに痒《かゆ》みを伴う発疹ができる病気で、現代ではダニの一種が寄生するために起こることがわかっている。腫れ物は半年ほどで治るが、翌年の春に再燃したという。

子供を幼くしてことごとく喪い、重ねて自身も熱病や皮膚病に冒される。一茶の境遇を知るとひとごとながら沈鬱な気分になる。晩年六十三歳の句には「あ々まゝ（よ）年（が）暮よとくれまいと」とある。なぜかくも悲惨なできごとがつぎつぎに起きたのだろうか。

乳幼児がことごとく死亡するのにはなにか共通した要因があったのか疑ってみたくもなる。

一茶の患ったと吐露した疥癬はまえに述べたようにダニの感染によるものなのだが、その事実が明らかにされたのは一八三四年のフランスでのことで、江戸後期にそのような知識はまだ伝わっておらず、現代のように皮膚を採取して顕微鏡でダニの存在が確認されたはずもない。彼は発疹の特徴とされる痒みについてはまったく訴えていないし、膿まで出るようになったというのは通常の疥癬とはどうも様相が異なる。ひょっとすると、一茶の発疹は別の病、それも梅毒によるものではなかったのか。

梅毒に罹ると病原体であるトレポネーマ（細菌の一種）の侵入箇所に硬いしこりができ、その近くのリンパ節が腫れてくる。三ヵ月ほどすると今度は皮膚に発疹が出現する。これには斑状と丘疹状との二種類があって、後者はしばしば化膿する。（瘧で）発熱してちょうど三ヵ月後に（疥癬で）発疹が現われたという一茶の病状はこの梅毒の感染経過と矛盾しない。推測が当たっているとすれば、全員でないまでも幾人かの幼子たちは哀しくも先天的な病魔（先天梅毒）を背負って薄命を約束されていたのかもしれない。

こんな想像は著者の専売ではない。一茶の研究家・金子兜太《かねことうた》氏によれば「故郷の村人たちは五十まで遊民暮しをしていた男のことだ、どうせ碌なことはしていなかっただろう、そのときの体毒がもとで、次々に子供が死ぬのだ」と陰口をたたいていたというのだ。確かに一茶は「木がらしや廿四文の遊女小屋」「能い女郎衆岡崎女良（郎）衆夕涼み」などとしばしば悪所にも立ち入ったようだ。だからといって、芭蕉や蕪村と並ぶ俳人の一茶を梅毒だったと決めつけるのは穏やかでない。あくまでひとつの推測である。

一茶は一八二〇年（文政三年）の知人宛の書簡に「……淡雪の浅野の途中にて辷《すべ》り転ぶと等しく、中風《ちゅうふう》起り……半身不遂（半身不随《はんしんふずい》）」とあるように五十八歳で中風を起こす。いったんは歩行できるまで回復するものの、六十二歳には中風が再発する。日記には「不言病起」と記しているので。言葉が出にくい構音障害を発症したのであろう。中風というのは現代の脳梗塞《のうこうそく》や脳出血を指すと考えられている。脳出血を二回も起こすことは稀なので、一茶を襲ったのは前者であったと思う。

中風の再発した年に一茶は再婚相手として三十八歳の士族の娘を迎えるが三ヵ月足らずで去られてしまう。二年後に再々婚するが、その翌年（一八二七年、文政十年）十一月十九日に六十五歳で故郷の土となる。

俳諧のありようを哲学的に極めようとした芭蕉、ありのままの人生を俳句に託した一茶、ふたりのカルテを覗いてみて十七文字の魅力はただものでないことがわかった。そこで著者も俳人のまねごとをしてみた。

「夕暮れや幼きころの蝉の声」

　祖父と行った田舎を想いだして。

「木瓜《ぼけ》の花今年も咲いたと語りかけ」

　亡き母の植えた庭木を見て独り言。

野球選手——最期の挨拶

ベーブ・ルース（一八九五～一九四八年）
ルー・ゲーリッグ（一九〇三～一九四一年）

野茂英雄氏の活躍に刺激されて始まったように思う邦人選手の大リーグ挑戦はおよそ二十年のときを経て昨今はそれほど珍しいできごとではなくなった。日本のプロ野球も最初のプロチームとして読売ジャイアンツが設立されてから八十年ほどの歴史を刻んでそれなりに洗練されてきたものの、ゲームの迫力に関しては大リーグと肩を並べるとまではいかない。実力のある選手が場を移して力試しをしてみたいと望むのは自然なことだろう。俳優が一度はハリウッド映画に出演し、指揮者がウィーンの楽団をまえにタクトを振り、バレリーナがモスクワの舞台で踊り、サッカー選手がイタリアで駆けてみたいと想うのと一緒である。そんな野球選手にとって憧れの場である大リーグを代表する選手といえば、おおかたの人はまずベーブ・ルースを想い浮かべるのではないだろうか。

ベーブ・ルースは二十二年間の選手生活でホームラン王を十二回獲得し、通算七百十四本を記録した。彼の活躍した一九二〇年前後は大リーグ誕生から間もなくてまだ野球の技が未熟であったから、数の多さを現代と比較してもそれほど意味がないといった批評があるかもしれない。しかし、彼のホームラン通算記録は七百五十五本を打ったハンク・アーロンに破られるまで四十年の期間を必要とした。その間に何人の選手が大リーグで活躍したのか知らないが、百人や二百人ではないだろう。いかに彼の力が抜きんでていたのかわかる。

ルースといえば縦縞のユニホームを着たニューヨーク・ヤンキースの選手としての姿が印象深いのだが、最初からヤンキースに所属していたわけではなかった。

港町の酒場をきりもりする豊かではない夫婦の長男として生まれたルースの少年時代は地域特有の荒っぽさの影響を受けたいわゆる悪童であった。一九〇二年七歳になると全寮制の施設に預けられる。ここで彼がのちに恩人と評する修道士と巡り会う。修道士は粗暴でもどこか憎めない彼に対して「野球やってみないか」と誘うのである。寮生仲間の野球を出発点にしてルースは徐々にその才能を発揮し、十九歳となった一九一四年に生まれ故郷の地方リーグの球団に入る。同じ年、アメリカン・リーグ（ナショナル・リーグが分割されて新設された）のボストン・レッドソックスに移籍する。翌一九一五年には十八勝をあげてアメリカン・リーグの最優秀投手に選ばれるなど当初は投手として活躍するのだが、一九一九年にはホームラン王にも輝き、打撃でも傑出した才能を見せる。ちなみに、彼は右利きでも投打は左であった。身長百九十センチ近くで百キロ以上の肥満気味な身体に八の字眉毛と胡座鼻《あぐらばな》が特徴的な丸顔をのせたジョージ・ハーマン・ルースは虚飾のない言動も手伝ってこのころから同僚に赤ちゃんルース（ベーブ・ルース）と呼ばれるようになる。

一九二〇年、二十五歳でニューヨーク・ヤンキースに移籍し、外野手に転向する。翌年にはホームラン五十九本、二十八歳のときには打率三割九分八厘の成績をあげ、いよいよ大リーグのスター選手の地位を獲得するのである。

堂々たる体躯に似つかわしくなくルースはよく風邪をひいた。ときにはそれがインフルエンザによるもので、高熱を出して試合を欠場することもめずらしくなかった。のどが痛むと硝酸銀を塗るのが常であったという。一九二一年にはアデノイドと扁桃腺《へんとうせん》の切除術を受ける。のどの奥（咽頭《いんとう》）には口蓋垂《こうがいすい》（俗にいう、のどちんこ）を取り囲むようにリンパ組織が存在する。代表的なのが正面奥にあるアデノイドと左右の側面にある口蓋扁桃である。風邪や咽頭炎などの感染に際して最初に防御反応を担うのではないかと考えられている組織なのでむやみに切除するものではないのだが、診察に当たった医師は当時の常識として、そこにある慢性の炎症が風邪をひきやすい原因だと判断したのだろう。その判断の当否はともかくも、大リーグの看板選手となったルースは試合後に女連れで酒場を巡る生活が日常となり、風邪をひくだけに止まらなかった。

一九二五年には発熱とともに激しい腹痛に襲われる。意識も朦朧《もうろう》となった彼はニューヨークの病院に担ぎ込まれ、左腹部の切開手術を受ける。診断は腸膿瘍《ちょうのうよう》（腸の壁の感染）であった。一九二九年には風邪をこじらせて肺炎に罹《かか》る。一九三二年には発熱とともに右の腹痛を訴え、同じくニューヨークの病院で虫垂炎の切除術を受ける。

そんなことにもめげずホームランを打ち続けるさすがのルースも年齢には勝てず次第に体力の衰えをみせ始める。一九三四年三十九歳でボストン・ブレーブスに移籍するが、全盛期のような活躍はできず、その翌年七百十四本目のホームランを記録して引退する。

ルースは大リーグいずれかのチームの監督になりたかった。しかし、感情を抑制できない性格、よくいえば綽名《あだな》のごとく赤子のような性格の彼にその機会は巡ってこなかった。引退後の生活は過去の栄光が華やかであった分だけ味気ないものになった。

一九四六年の秋ごろからルースの声はかすれ気味になる。風邪をひくと痛むのどによく硝酸銀を塗っていたので、自身はそのせいかと思っていたらしい。しかし、かすれ声は一向によくならないばかりか、左眼が痛みだし、しだいに瞼を開けられなくなった。さらに、食べ物を飲み込むのもむつかしくなった。かかりつけの医師を通じてニューヨークの病院で精密検査が行われた。診断はのどの奥に発生した癌(咽頭癌)であった。同じ年の冬、ルースは癌の切除術を受けるが、病巣はすでにのどの奥から頸動脈《けいどうみゃく》の周囲に及んで頭蓋の底まで広がっていてすべてを取り除くことのできる状態ではなかった。

咽頭癌は発生する位置によって症状が異なり、眼の感覚を調節する三叉《さんさ》神経、瞼を挙げさせる(開眼)動眼神経、飲み込み(嚥下《えんげ》)を司る迷走神経や舌咽神経などを巻き込んで増殖するのは上部の咽頭に発生するタイプ(上咽頭癌)で、ルースを冒したのはこれであった。上咽頭癌は発見者ふたりの名前を冠して呼ばれるEpstein-Barr(EB)ウイルスの感染が原因で発生するのではないかといわれている。

EBウイルスは水痘《すいとう》(水疱瘡《みずぼうそう》)の原因となるヘルペスウイルスの仲間で、伝染性単核球症という風邪に似た症状の感染症を起こすことが知られており、唾液を介していったん体内に侵入すると継続的に生き残るとされる。風邪をひきやすかったルースは知らぬうちにこのウイルスに感染していたのであろう。EBウイルスは免疫を担う細胞の一種を損なう性質をもっているので、少々穿《うが》ち過ぎの感はあるが、細菌による腸膿瘍や虫垂炎を起こしたこともこのウイルスの感染と関連あってのことだったのかもしれない。いずれにしても、野球選手として恵まれた体格を授かったルースもこと健康に関しては同様にはいかなかった。

ルースは当時としては最新の放射線治療を受け、一九四七年二月にいったん退院する。翌年の四月には大リーグによって「ベーブ・ルース・デイ」の催しが行われる。百キロ以上あった体重が七十キロほどになったルースはヤンキースタジアムを埋めつくした六万の観衆をまえに「野球は子供たちの遊びから生まれた。その素晴らしさを知り幼いころから努力すれば大リーガーとなるのも夢ではないのです。これまでの応援に感謝します」といった内容の挨拶をする。必ずしも教養の高くないルースのスピーチは理路整然としていなかったが、かすれた声で懸命に話す姿は聴衆の胸を打つものであった。一九四八年八月十六日、野球の申し子は五十三年間の人生の幕を引く。

ルースの背番号は「3」であった。いまはあたりまえのこととして深く考えはしないのだが、実はユニホームに背番号が着けられたのはルースが活躍していた最中の一九二九年からのことで、最初はそのときの打順に従って番号が割り振られた。つまりルースの打順は三番であった。

著者は名古屋で育ったのに積極的なドラゴンズファンとはいえないが、アンチ巨人ではある。なんでもかんでも東京という風潮へのささやかな抵抗である。そうはいってみても、日本人にとって打順三番といえば王選手だろう。そして、打者の主役の四番といえばやはり長嶋選手となる。では、ルースの活躍していたときに数字「4」を背負って彼のあとの打順を任されたのはいったい誰であったのか。多少とも野球に興味のある読者ならルー・ゲーリッグという名に聴き憶えがあるのではないかと思う。

ルースより八歳年下のゲーリッグはコロンビア大学の卒業をまぢかに控えた一九二三年にスカウトされてヤンキースに入団する。当初の二年間は出場の機会が少なかったものの、一九二五年からレギュラーに定着し、以来一九三九年に引退するまでにホームラン王三回、首位打者一回、打点王五回を獲得し、一九三四年には三冠王に輝く。その間には二千百三十試合連続出場を記録する。なお、ゲーリッグも左打ち左投げだったが、ルースと違ってそれは生まれつき左利きのためであった。

あけすけな性格のルースとは対照的にゲーリッグは口数の少ない物静かな男であった。それでもふたりは互いの力量を認め合う仲で、ヤンキース創設以来の強力コンビといわれた。ところが、一九三八年のシーズン途中からゲーリッグの打力が目に見えて衰え始める。すでに引退したルースとは違ってまだ三十代半ばの彼に起きた変化に周囲は戸惑い、休みなく試合に出場した疲れが出たのだろうとか、彼には珍しくスランプに陥ったのだろうとか、やはり年齢的なものだろうとか、あれこれと取り沙汰した。妻はより深刻に脳腫瘍《のうしゅよう》の可能性を疑い、先進の医療施設として評判の高かったミネソタ州のメイヨー・クリニックを愛する伴侶とともに訪れる。日ならずして彼女に告げられた病名は筋萎縮性側索硬化症《きんいしゅくせいそくさくこうかしょう》というものであった。ゲーリッグ自身には正確な病名は知らされなかったという。

われわれが手足を動かそうとしたり、しゃべろうとするときには、大脳の神経細胞（ニューロン）から出された命令が大脳より下に位置する脳幹《のうかん》あるいは脊髄《せきずい》に伝えられる。命令はここで別の神経細胞にバトンタッチされて手足あるいは口や声帯を動かす筋肉まで到達する。そうして、人間らしい活動が成立する。大脳と脳幹や脊髄をつなぐ（多くは側索と呼ばれる部位を通る）神経細胞が上位運動ニューロン、そこから筋肉まで伸びる神経細胞は下位運動ニューロンと総称される。筋萎縮性側索硬化症はこれらふたつのニューロンのいずれもが徐々に損なわれていく病気である。

この病気はゲーリッグの発症から七十年以上経過した現在も原因不明で残念ながら決定的な治療法は見つかっていない。進行すれば手足に止まらず嚥下や呼吸に必要な筋肉も動かなくなるので、生命の維持も容易ではなくなる。そんな過酷な病と闘うなかにあった一九三九年七月、ヤンキースタジアムで「ルー・ゲーリッグを讃える日」が催される。ゲーリッグは満場のファン、選手仲間、みずからの家族に礼を述べたあと、「最後に私はいいたいのです。私は不幸な運命に見舞われたと、みなさんはいわれるかもしれない。しかし、これだけの人々の温かい加護と支援を受けた私の人生は、ほんとうに幸福なものでした」と別れを告げる。

二年後の一九四一年六月二日、ゲーリッグは家族に見守られながら息をひきとる。三十八歳になる手前であった。死因が公表されると人々は筋萎縮性側索硬化症のことをルー・ゲーリッグ病と呼ぶようになり、今日も米国ではこの俗称が通用している。

ルースとゲーリッグという国民的ヒーローのためにヤンキースは背番号「3」と「4」を永久欠番としている。

英雄——実に忙しい

カエサル（前一〇〇～前四四年）
ナポレオン（一七六九～一八二一年）

国語辞典には英雄とは才知や武勇に優れ、大きな仕事をなしとげる人物とある。これにあてはまる史的人物はわが国にも少なからず登場しているはずなのだが、英雄というとなんとなく洋風の響きを感じてしまうので想いつくまま、まずは古代ローマの英雄ジュリアス・シーザー(彼の母国のラテン語ではユリウス・カエサル)のカルテを覗き見ることにする。

紀元前八世紀ごろイタリア人の一派ラテン人がローマに都市国家を形成する。はじめは王政をとって発展したが、紀元前五〇〇年ごろからは共和政によって国の運営がなされる。貴族など一部の有力者を議員とする元老院の存在に対抗して平民の成人男子を構成員とするいくつかの集まり(民会)が生まれ、それぞれから護民官や執政官(非常時には独裁官)といった公職者が選ばれ、政治は彼らと元老院との協調によって行われるようになるのである。

都市国家であったローマは紀元前三世紀ごろにはイタリア半島全域を統一し、前三~二世紀には三回に及ぶポエニ戦争によってカルタゴを滅ぼして地中海の西部周辺を支配する。さらにマケドニア王国(いまのギリシャ北部)およびシリアとの戦いにも勝利し、地中海東部にも勢力を拡げる。領土の拡大によって国家に多大な利益がもたらされると、その配分をめぐって軋《あつ》轢《れき》が生じる。時代を超えた普遍である。各地で反乱が起き、ローマでは貴族や有力者と一般の平民とのあいだにも抗争が絶えなくなる。

共和政治の実務を取り仕切るのは民会で選ばれる公職者であった。前一〇〇年ローマに貴族階級の長男として生まれたカエサルは財務官を皮切りに按察官、さらに法務官へと公職者の階段を昇りながら徐々に頭角を現わしていく。地中海の東北における勢力拡大に功績のあった軍人ポンペイウスと富豪として君臨していたクラックスというふたりの有力者の後押しもあって、前五九年には公職のトップである執政官に選ばれる。密約を交わした三人はのちに三頭政治（第一回）と呼ばれる体制によって絶大な権限をもっていた元老院に対抗しながらローマの為政にあたる。膨張した国家を運営する方法として共和政が綻《ほころ》び始めるのである。

前五八年にカエサルは属州の総督として地中海西方に赴き、八年間にわたる戦いを経てガリア（現在のフランス）全域を自らの支配下に収める。三頭政治といっても軍人としての功績ではポンペイウスに、経済力ではクラックスに劣っていたカエサルはここに及んでふたりを超える力をもつことになる。広大な属州とともにローマにおける名声を獲得し、なお勇猛な軍を率いる彼に元老院は怖れをなす。クラックスは前五三年にシリア東方への遠征途上で戦死していないいま、元老院はポンペイウスを味方に引き込んだうえで、カエサルにローマに戻りたいなら総督を辞任して軍を解散するように迫る。

進むべきか属州に留まるべきか。ローマ本国と属州ガリアを境するルビコン川をまえにしてカエサルは迷う。暫し黙考したあと、彼は「……賽《さい》は投げられた」と檄《げき》を飛ばし、精鋭部隊を従えて前四九年ローマに帰還する。元老院は予期せぬカエサルの決断に色を失う。

前四八年、カエサルは元老院と協調するポンペイウスをギリシャ中部テッサリアの戦いで破り、前四七年にはアフリカ北岸に集結した残党を一掃する。このとき、カエサルはある病の発作に襲われて戦闘に参加できなかった可能性があるという。歴史家プルタルコス（四六～一二〇年ごろ）の著わした『英雄伝』の後半部分には以下のように記述されている。

「……次のようにいう人たちもある。カエサルはこの戦闘に加わらなかったのである、と。つまり軍隊を整列させて戦闘配置につけていたとき、いつもの病気に襲われた。そこで、発作が始まったなと気がつくとすぐに、すでにゆらぎはじめている意識が病気によって全く圧倒されて混濁してしまわないうちにと、附近の櫓《やぐら》の中に運ばれて戦闘の間安静にしつづけたのだ……」（訳文は村川堅太郎編、ちくま学芸文庫）。

これだけでは「いつもの病気」がなにを意味しているのか曖昧なのだが、『英雄伝』前半には「彼は、体つきは痩形《やせがた》で、肌も白く柔らかであり、それに頭痛もちで、また癲癇《てんかん》の症状があってコルドゥバでその最初の発作が彼を襲ったといわれているほどであるが（訳文どおり）、その蒲柳《ほりゅう》の質を……」とある。つまり、「いつもの病気」はてんかんの発作とわかる。また、最初の発作を起こしたのは「コルドゥバ」にいたときだという。コルドゥバはヒスパニア（いまのスペイン）南部の都市である。カエサルは財務官に選ばれたとき、ヒスパニアに派遣されている。これを指しているとすれば三十一歳のときのことである。また、ポンペイウスとは雌雄を決するまえの前四九年にこの地でも刃を交わしているので、これをいっているとすれば彼五十三歳のこととなる。いずれが当たっているのかわからないが、「いつもの病気」と述べられているのを考え併せると、若いころの話として理解するのが自然ではないだろうか。

以上、『英雄伝』の語るところをまとめると、カエサルは三十代はじめから五十三歳までにときどき意識を失うようなてんかんの発作に襲われていたことになる。彼の病歴に関する記録は『英雄伝』以外にも存在する。スエトニウス（七〇～一三〇年ごろ）という皇帝の秘書官であった人物の遺した『ローマ皇帝伝』には「伝えるところによると、彼は長身で白皙《はくせき》、均整のとれた体に、口はやや大きめで、目は黒く炯々《こうこう》と輝き、健康に恵まれていた、もっとも晩年には、突然失神することがよくあり、いつも夢にうなされていたが。また癲癇に二度ばかり、執務中に襲われたことがある」（訳文は国原吉之助訳、岩波文庫から）とある。

前置きが長くなったが、カエサルにてんかんの持病があったというのは割と有名な話で、その根拠となっているのがまえに示した『英雄伝』と『ローマ皇帝伝』の記述なのである。前者は一〇五～一一五年、後者は一二〇年ごろにできあがったと考えられている。いずれも英雄の死後百年以上経ってから書かれたわけで、それらの伝えるところは果たして本当なのだろうか。

てんかんは脳の神経細胞が目的もなく過剰に興奮するためにみずからの意思とは無関係に意識がなくなったり痙攣《けいれん》を起こしたりする疾患である。抗てんかん薬の開発によって大概の発作を抑えられる現代とカエサルの時代は違う。常に緊張を強いられる軍人かつ政治家であった人間がたびたび発作を起こしたのでは十分な活躍は期待できそうにない。『英雄伝』『ローマ皇帝伝』それぞれに「次のようにいう人たちもある」「伝えるところによると」という但し書きが付けられているのも気になる。

文筆家としても才能に恵まれたカエサルが遺した『ガリア戦記』および『内乱記』に病を推測させるような記述は見当たらない。近年の力作『ローマ人の物語』の著者・塩野七生女史によればカエサルと同時期に活躍した人物の叙述にも彼のてんかんを想像させる内容は見つけられない。

英雄に関する意外性が消えて歴史譚の面白みは減ってしまうが、カエサルてんかん説の信《しん》憑性《ぴょうせい》はあまり高くなさそうである。しかし、火の無いところに煙は立たずという諺もあるので贔屓目《ひいきめ》にみて、心身の疲れからめまいにでも襲われて自室に閉じこもったりしたのに尾ひれがついて伝わった風聞《ふうぶん》といったあたりを著者の落ち着きどころとして、話を続ける。

ポンペイウス派を一掃したカエサルは前四六年に独裁官に就任する。その任期は当初十年とされていたのだが、前四四年には終身とすることを元老院に認めさせる。元老院の議員たちは彼自身が王になろうとしているのではないかとまえにも増して不安感にかられ、ついに彼の暗殺を図る。前四四年三月十五日、カエサルは元老院の議場にも使われていたポンペイウス劇場の観客席で二十三箇所に及ぶ刺し傷を受けて斃《たお》れる。暗殺者のひとりとして刃をかざす盟友に向かって言い放ったと伝えられる台詞「ブルートゥスお前もか」はあまりにも有名である。

カエサル亡きあとは彼の部下であったアントニウスとの覇権争いに勝利したカエサルの姉の孫（姪の子）にして養子であったオクタビアヌスがローマの舵取りをする。彼は元老院からアウグストウス（尊厳な者）の尊称を贈られ、以降はひとりの人物に権力が集中するかたちでローマは巨大な国家として発展していく。カエサルはローマが共和政から帝政に転換する道筋をつけた英雄なのである。

話を少し戻す。カエサルとの戦いに破れたポンペイウスはエジプトに逃れるのでカエサルはこれを追って首都アレクサンドリアまで進軍する。そして、クレオパトラ七世と出会う。その間にポンペイウスはエジプト王・プトレマイオス十三世の策謀によって暗殺されてしまうので追撃は肩すかしに終わるのだが、クレオパトラを知ったことでカエサルはエジプトの王権争いにまきこまれ、プトレマイオス十三世と対抗する彼女と一子カエサリオンを儲ける間柄となる。英雄は忙しい。

ちなみに、クレオパトラが女王として君臨したのは古代エジプトではなく、それを滅ぼしたアレクサンダー大王の死後に彼の忠臣が継承したプトレマイオス朝エジプトであって、彼女はエジプト人ではなくギリシャ系のマケドニア人である。

カエサル亡きあと、クレオパトラはアントニウスとこれまた理《わり》ない仲となって三人の子までなす。しかし、アントニウスがオクタビアヌスとの権力争いに敗れると、進退窮まった彼女は前三〇年にみずから三十九歳の命を断つ。ここに至ってプトレマイオス朝エジプトは滅亡し、ローマは地中海を取り囲む全域を支配することになる。

クレオパトラの自決の方法としてよく語られるのは毒蛇に腕を咬ませたというものである。実はこれも『英雄伝』の内容をもとにした伝聞で、カエサルにおけるてんかんと同様に真偽のほどは定かでない。

エジプトの地には蛇以外にサソリもいる。それを表わす象形文字（ヒエログリフ）があるように古代エジプト人はフグの存在も知っていた。また、彼らは罪人の処刑に青酸を用いたともいわれる。いずれの毒が選ばれてもよかったのにことさら蛇毒が引き合いに出されたのはなぜなのか。読者も一度は目にしたことがあると思うが、かの有名なツタンカーメン王の黄金のマスクの頭上には鎌首をもたげたコブラがあしらわれている。禿鷹《はげたか》と並んでそれが古代エジプトでは王権の象徴とされていたからで、そんな伝統に影響されて古代エジプトの継承者である女王にふさわしい死に方として流れていた噂が『英雄伝』に採用されたのかもしれない。

毒にまつわる話題として、もうひとりの英雄、ナポレオンを採りあげてみる。

ナポレオン・ボナパルトは一七六九年にイタリアのコルシカ島に小貴族の次男として生まれる。パリの兵学校を卒業して砲兵将校となり、折しも一七八九年から始まった度重なる革命のなかに軍人としての活躍の場を見つけていく。

当初はフランス国王ルイ十六世を葬った共和派の下で砲兵隊司令官として活躍し、一七九五年の王党派の反乱鎮圧に際して中心的な役割を果たす。共和派が弱体化して五人の指導者を戴くいわゆる総裁政府が誕生すると今度はイタリア方面軍最高司令官に指名され、一七九六年から翌年にかけて同地に遠征して勝利をもたらす。一七九八年には地中海を隔てたエジプトにも遠征する。

総裁政府が国内をまとめきれないとみると、一七九九年にはクーデターに加担して三人の行政官を指導者とする統領政府を樹立させる。第一統領となったナポレオンは民衆の人気を巧みに利用して十年の任期を一八〇二年には終身とし（なにやらカエサルに似てきた）、一八〇四年にはみずから皇帝を宣言する。

その後もナポレオンの野心は膨れつづけ、現在のオランダやプロイセンの大半（現在のドイツ）もその支配下に収める。ナポレオンは一代にしてヨーロッパのほとんどを占める巨大国家を成立させたフランスの英雄なのである。一八一〇年にはジョゼフィーヌと離縁し、同盟国だったオーストリアの皇女で当時十八歳であったマリー・ルイーズと再婚する。やはり英雄は忙しい。

ところが、一八一二年にロシアへの遠征を企てたあたりから彼の運気に翳《かげ》りが見え始める。モスクワの冬将軍に苦しめられ、数十万ともいわれる兵士を失いながら退却を余儀なくされる。ロシアに加えて同盟国であったはずのプロイセンやオーストリアがイギリスの支援を受けて反撃に転じ、一八一四年にパリは陥落。ナポレオンは退位して地中海のエルバ島に退く。翌一八一五年、パリに入城して一旦は権力の座に返り咲くものの、数ヵ月後にイギリス、オランダ、プロイセンの連合軍にワーテルロー（現在のベルギー）の戦いで敗北し、ナポレオンは大西洋に浮かぶイギリス領セント・ヘレナ島に幽閉される。そして、悲嘆のなか一八二一年五月五日の夕方、英雄は五十一歳の若さでこの世を去る。

遺言に沿って彼は死の翌日に解剖に付される。執刀は晩年の主治医であった同郷コルシカ島出身の医師アントンマルキによって行われ、六名のイギリス人医師がこれに立会う。彼らの所見をもとにして公式に発表された死因は胃癌であった。

百四十年の歳月が流れた一九六一年、イギリスの科学雑誌『ネイチャー』にスウェーデンの歯科医師によってある論文が発表される。それはナポレオンの遺髪を調べたら通常の十六倍ものヒ素が検出されたというものであった。

ヒ素は多量に摂取すれば下痢や嘔吐といったコレラ様の重篤な症状を出現させるが、少量ずつでも慢性に胃腸障害、皮膚粘膜損傷、多発性の神経障害などを起こして生命を脅かす。ナポレオンの晩年にもそれと推測させる症状がいくつもみられたという。

この発表を機にナポレオン毒殺説が巷を賑わすことになり、彼に付き従ったモントロン伯爵が遺産目当てに皇帝専用のワインに日々ネズミ捕り用のヒ素を仕込んだのではないかと噂されている。ナポレオンの遺骸は一八四〇年にセント・ヘレナ島から返還されていまはパリにある。これを調べればもっと確かなことがわかるはずと思うのだが、なぜか棺が開けられたという話は伝わってこない。

国語辞典にはないが、ときの経過とともに真偽のあいまいなエピソードを積み重ねて膨らんでいくのも英雄の条件である。

漫画家――飽くなき意欲

ウォルト・ディズニー（一九〇一～一九六六年）

葛飾北斎（一七六〇～一八四九年）

著者は暇ができるとときどき映画館に出かける。観るのは年甲斐もなく未来を奇想天外な映像でまのあたりにしてくれるSF映画が多い。その最初は幼いころに母に連れられて観た『海底二万哩《マイル》』ではないかと思う。ジュール・ヴェルヌの冒険小説を原作とするこの映画が制作されたのは一九五四年のことで、日本での封切りはその翌年の暮だから、ほぼ六十年まえの懐かしい思い出なのにネモ船長の造ったノーチラス号が大だこに襲われる場面はいまでも記憶に残っている。

これより少しまえには耳の大きい子象が人間の身勝手から離ればなれにされてしまった母象を捜して苦難の旅をする動画『ダンボ』(一九四一年制作、一九五四年日本公開)も観た。ハッピーエンドの筋書きなのだが、そこまでの道程が子供の著者には悲しく映ったらしく母の話では祖父母に感想を聞かれて「(かわいそうだから)面白くなかった」といったらしい。

一九四〇年制作の『ピノキオ』は動画(一九五二年日本公開)ではなく絵本で見た。できたての操り人形のピノキオが善悪入り交じった世間を折にふれてシルクハット姿のコオロギに諭されながら冒険し、ついには人間としてあるべきこころを獲得する物語である。流浪の果てに生みの親ゼペットじいさんのもとに帰ったピノキオが棒切れの人形からすくすく育った少年の姿に変身する最後の絵は妙に心地よく、しばらくのあいだ幾度となくそのページだけ開き見ていたような憶えがある。

一九八〇年の新婚旅行ではツアーにロサンゼルス郊外のディズニーランドが組み込まれてい

て、スペースマウンテンのジェットコースターに同乗させられ、先の見えない暗闇を時速五十キロで上下左右に引き廻された。ようよう辿《たど》り着いた出口で顔面を蒼白にしていまにも吐きそうな著者を尻目に傍らの新婦の表情には確か将来への不安が滲んでいたはずである。東京のディズニーランドに行ったこともある。子供たちを連れてアトラクションへの長蛇の列に加わった。入口に到達するのにどれほどの時間がかかったか憶えていないが、アトラクションはひとつだけ観てあとは諦めた。夏の暑い日であった。

自宅の応接室の片隅にはぬいぐるみのミッキーが座っている。家内が若いころに貰ったらしいが、かなり大きくて都合がよいのでその来歴は不問にして調度品替わりにずっと置いたままにしている。

ほんの少し記憶を辿っただけでもディズニーがSF映画、漫画映画、娯楽施設、キャラクター商品を通じて著者の半生に関わったエピソードがいくつも思い出される。多くの読者にも似た経験があるのではないだろうか。

ウォルト・ディズニーを漫画家として扱うのは適当でないかもしれない。まえに述べたように時代を先取りした映画に加えていまやそれ自体が文化の一部になった感のある娯楽施設の生みの親であり、エンターテイナーと評するほうが当を得ている気もする。ただ、出発点は漫画家であった。

小さな農園を営みながら郵便配達の請け負いなどで生計を立てる両親の四男として一九〇一

年末に生まれたウォルトは幼い頃から絵を描くのが好きで、妹のためにパラパラ漫画を作ったり、近所の床屋に来る客の似顔絵を描いたりしていた。小学生（現在の制度とは異なって八年制）のころには自宅近くのカンザスシティー美術学校の児童絵画教室にも通った。このころすでに漫画家になろうと決めていたという。父の営む新聞販売の手伝いやサンタッフェ鉄道の車内で売り子などを経験し、ハイスクールに入学すると今度は週に三日ほどシカゴの美術学校の夜間クラスに通い、ときどき地元の新聞に挿絵を投稿する。

ときはアメリカが第一次世界大戦（一九一四～一九一八年）に参戦したころで、彼も救急部隊に志願して一年間ほどヨーロッパでの生活を経験するが、無事に帰国するとハイスクールには戻らずに地元の広告会社に入り、販売促進用のイラストを描いたり、劇場のプログラムをデザインして日々を過ごす。一九二〇年にはここで知り合った同年齢の青年とデザイン事務所を設立する。しかし、十八歳になったばかりの若者ふたりの会社にそうそう仕事の依頼があろうはずはなく、事務所は開店休業のまま、ウォルトはまた別の広告会社に入り込む。

その会社は映画館で上映する広告用の動画を制作していた。それは一分間ていどの粗末な映像ではあったが、ウォルトは動画制作の技術を覚えると、経営者の同意のないままこっそり漫画映画『赤ずきん』を完成させる。記念すべき第一作を携えてニューヨークに出かけた彼は映画配給会社と漫画映画の制作契約をまとめ、『長靴をはいた猫』『シンデレラ』などを制作する。ところが、待望の漫画映画を世に送り出して順調な滑り出しと思えたのも束の間、配給会社からの支払いが途絶えてウォルトは資金繰りに窮する。

ちょうどそのころは映画産業の中心がニューヨークやシカゴからハリウッド（ロサンゼルス市内）に移り始めたころで、彼も西海岸めざして大陸横断を決意する。そして、すぐ上の兄ロイの経営的な手助けを受けながら新天地で漫画映画の制作と営業に邁進し、実写と漫画を組み合わせた『アリスの不思議の国』シリーズや漫画映画『しあわせウサギのオズワルド』などの上映を果たす。

『しあわせウサギのオズワルド』が公開されるとその人間くさいおどけものは各地で人気を博した。ところが、配給会社の関係者の策略によってその版権を奪われ、ウォルトはせっかく生み出したキャラクターを失うことになる。失意のなか、ニューヨークからハリウッドに戻る汽車のなかでネズミを主人公にしようと思いつく。

ウォルトに命を吹き込まれたネズミはミッキーと名づけられ、スクリーンを所狭しと動き廻る。シリーズ三作目からは当時まだ評価の定まっていなかったトーキー（音声入り）を試行錯誤のすえに採用し、ミッキーの声はウォルト自身が吹き込んだ。そうしてできあがった『蒸気船ウィリー』は一九二八年に封切られると全米で大評判をとる。

ウォルトはミッキーの人気シリーズをつぎつぎに制作した。すると、また映画業界を泳ぐブローカーの搾取によって資金難に陥る。七分の漫画映画一本を制作するのにはおよそ一万五千枚の原画を描かなくてはならない。それを陣頭指揮しながら、資金の工面にも奔走し、さらに次の作品の構想に腐心するウォルトは一九三一年の末、ついに精神の安定を欠いてしまう。感情の起伏が激しくなって些細なことに怒るかと思うと、急に泣き出す。不眠を訴え、仕事に集中することもできなくなった。医師の下した診断は神経衰弱というもので、暇を見つけて運動するように助言される。

神経衰弱という病名は精神的努力のあとに疲労感あるいは肉体的な消耗がめまい、頭痛、睡眠障害、いらいら感、くつろげない感じ、消化不良などの症状として現われるものを指す。現代はより厳密な診断名として重度ストレス反応とか適応障害といった用語の使われることが多いのだが、ともかくも理想に向かって人一倍の努力をしたウォルトの心身は疲労困憊《こんぱい》したのである。タバコの本数も増え、このころから咳払いが癖のようになる。

医師の助言に沿ってウォルトは数日の休暇をとって妻と旅行に出かける。また、アスレチック、ゴルフ、乗馬と仕事以外で汗をかくように心がける。健康を取り戻すと一九三二年には最初のカラー動画『三匹の子ブタ』を制作し、同年の『花と木』では漫画映画に対する最初のアカデミー賞の栄誉を手にする。ときを同じくして、たてつづけにプルート、グーフィー、ドナルドダックなどのキャラクターをスクリーンに登場させる。すると、一九三五年には神経衰弱が再燃する。医師は甲状腺の異常の関与を考える。甲状腺ホルモンが極端に多かったり少なかったりすると精神状態に異常をきたすことは当時すでに知られていたので、二度までも精神が不安定になった原因を医師はあれこれ探ってみたのである。が、結局はウォルトが漫画映画の制作者として止まるところを知らずに働きすぎただけであった。ウォルトはふたたび妻を伴って旅に出て心身を癒す。

ウォルト・ディズニー・プロダクションズは第二次世界大戦を挟んで一九三七年『白雪姫』、一九四〇年『ピノキオ』『ファンタジア』、一九四一年『ダンボ』、一九四二年『バンビ』、一九五〇年『シンデレラ』、一九五一年『ふしぎの国のアリス』とつぎつぎに長編アニメーションを制作していく。また、『宝島』（一九五〇年）や『海底二万哩』（一九五四年）などの劇映画や『砂漠は生きている』（一九五三年）に代表されるドキュメンタリー映画を世に送り出す。

たったふたりで始めたデザイン事務所は三十年のときを経て一大映画制作会社に成長する。ウォルトの夢はさらに膨らんでいく。ふたりの娘に恵まれたころから思い描いていた理想の遊園地を実現しようとするのである。

資金面から無謀な計画だと反対する兄の意見にも屈することなく、大人も子供も楽しめる「地上で一番幸せな場所」は一九五五年の夏、ロサンゼルスの南東に位置するアナハイムに二十万坪余りの広さをもつ「夢の国」ディズニーランドとして開園する。

漫画の描き手として出発したウォルトは漫画映画の制作者としても安住することなく、二十世紀を代表するエンターテイナーとして活躍していく。それは休むことなく夢を追い続ける彼の性格のなせる技に違いないのだが、そうでなくても自身が第一線で漫画を描き続けるのは無理であったかもしれない。

一九五〇年前後から彼は首の痛みに苦しむようになる。専属の看護婦を雇って朝夕に温湿布と頸椎の牽引を行うのが日課となり、四十五分間ほどのこの治療はほぼ晩年まで続く。医師からは「頸椎にカルシウムが溜っていて、症状は一生続くだろう」と告げられる。自身は趣味のひとつであったポロの試合で落馬したせいと思い込んでいたようだが、外傷に起因してそのような変化が起こることはあまりない。「カルシウムが溜る」状態は医学的には「石灰化」といわれ、頸椎《けいつい》に現われる場合はまず後縦靭帯骨化症《こうじゅうじんたいこっかしょう》という病気の存在を考えるべきである。

少し専門的な話になるが、七つ積み重なった首の骨（頸椎）は屈曲するたびに達磨《だるま》落《お》としのようにずれては困るので、補強のために前面には前縦靭帯、後面には後縦靭帯と呼ばれる強靭な組織が上から下まで帯状に張りついている。この後縦靭帯が石灰化して骨のように堅くなってしまうのが後縦靭帯骨化症である。後縦靭帯のうしろには脊髄やその枝の末梢神経が走っているので、石灰化が進行して肥厚すると首の痛みに加えて手（や足）がしびれたり動きにくくなる。動かないとまではいかなくても、手が震えて細かい作業が制限されてしまうことがある。

もし、ウォルトの病気が後縦靭帯骨化症であったとすれば、どこかの時期に原画を描くのがむつかしくなっていたかもしれない。しかし、伝記の類いを調べてみてもいつごろまで描き手の役割を果たしていたのかはっきりしない。会社の組織が大きくなれば描き手の役割をみずから負う必要がなくなってもおかしくはないので、どこかに叙述されていてもよさそうなのだが、漫画の創造者としての矜持《きょうじ》があえて彼に多くを語らせなかったのではないか。著者の想像である。

ディズニーランドを完成させたあともウォルトは漫画家養成のためにカリフォルニア芸術大学の設立に尽力したり、フロリダに第二のディズニーランド（ディズニーワールド）の建設を計画したり、途切れることなく意欲的な活動を続ける。その間、本業であった映画制作も怠らず、『わんわん物語』（一九五五年）、『一〇一匹わんちゃん大行進』（一九六一年）、『メリーポピンズ』（一九六四年）などを公開する。

さすがのウォルトも一九六六年はじめごろから体力の衰えを訴えるようになる。それでも各地を飛び回る日々を重ねるのであったが、徐々に息苦しさが増し、食欲も減退して痩せたのが見た目にもわかるようになる。同じ年の十一月にレントゲン検査を受けると、左肺にくるみ大の腫瘍が見つかる。左肺の全摘術を受けるが、リンパ節への転移を伴った肺癌が消失することはなく、六十五歳の誕生日を迎えたばかりのウォルトは十二月十五日、本物の天国に召される。

今風なら六十五年間の人生はやや短すぎる感がある。ただ、十八歳から始まる彼の活躍を知ると、それはそれで十分であったといえなくもない。けれども、ウォルトの世代を二世紀も遡った時代に多大な活躍をしてなお数え年九十歳まで生きた漫画家がわが国にいる。一九九九年にアメリカの雑誌『ライフ』が「この千年に最も重要な功績を残した世界の百人」を特集したなか、ランク九十位で選出されているディズニーよりも上の八十六位に唯一の日本人として選ばれた彼の名は中島鉄蔵、またの名を葛飾北斎という。

ウォルトの実体がエンターテイナーであったのと同じように浮世絵師の北斎を強引に漫画家の範疇《はんちゅう》に入れてしまうのはどうかと思われる読者もあるはず。しかし、彼は五十歳半ばから晩年までに多数の『北斎漫画』を描いている。『北斎漫画』という表題は自身が「意に任せ、筆に随い、何くれなく画《えが》きたる」という意味合いで付けたといわれている。そのため単なるスケッチ集のように思われがちなのだが、よく見ると四コマ漫画風であったり、あるていどの筋書きをもった画やアニメ風の連続した動作が描かれていて、漫画のルーツと評されることもある。

北斎は一七六〇年（宝暦十年）に江戸本所で生まれる。出自については百姓の出とも武士の出ともいわれ、はっきりしない。ディズニー同様に彼も幼いころから画に興味をもっていたようで、晩年に出版された画集の跋文《ばつぶん》にそれは六歳のころからであったと記している。数え年十四で木版の彫刻師に弟子入りし、十九になると浮世絵師・勝川春章の門を叩いて本格的な画家としての生活が始まる。

北斎はなぜかひとつ所に長く留まることがなく、生涯に九十回以上も引っ越したとされるが、画号の多さも半端ではなくて三十近くに及ぶ。北斎と名のるのは三十八歳から六十歳ごろの期間である。四十代後半に版元・蔦屋重三郎の抜擢によって滝沢馬琴の戯作『椿説弓張月《ちんせつゆみはりづき》』の挿絵を描く。これが評判をとって売れっ子の挿絵画家として活躍する。旅好きでもあった彼は一八一二年（文化九年）に名古屋の知己に寄寓して二百枚ほどのスケッチを描く。これが同地の版元・永楽屋東四郎の目に留まり、一八一四年に『北斎漫画』と銘打って出版される。ときに北斎は数え五十五歳。『北斎漫画』は巷の大評判となり、その後も北斎の最晩年九十歳まで都合十三編が出版される。彼の描いた人物、風景、鳥獣、お化けの画は三千枚に余る。

一八三一年（天保二年）、数え年七十二歳にして「凱風快晴《がいふうかいせい》（いわゆる赤富士）」や「神奈川沖浪裏《かながわおきなみうら》（いわゆる浪富士）」で有名な錦絵『富嶽三十六景』が出版される。なお、錦絵というのは題材が浮世絵と異なり、庶民の生活以外を描いた多色刷りの版画のことを指す。

以上からわかるように北斎のふたつの代表作『北斎漫画』と『富嶽三十六景』は六十歳代を挟んで描かれている。『葛飾北斎伝』によればこの間の数え年六十八歳のおりに彼は中風に罹《かか》ったという。

中風と聞くとおおかたの人は半身不随になるような脳卒中を想い浮かべるかと思う。北斎に関する専門書でも多くは卒中と同義として話を進めている。脳卒中は脳梗塞《のうこうそく》、脳出血、クモ膜下出血を総称した病名で、そのいずれであっても脳は大きく障害されるわけだから、もしも彼がそれに冒されたのだとすれば、数年後に傑作『富嶽三十六景』が描けるまでに回復するとはとても思えない。このとき北斎は柚子《ゆず》を刻んで水飴状まで煮詰めたものを白湯《さゆ》に溶かして飲んで治したと伝えられている。

東洋医学では病を風（ふう）によって引き起こされると考えて風疾《ふうびょう》と呼んだ。しかし、時代が進むにつれて実体の明らかになる病も見つかって咳病《がいびょう》や痢病《りびょう》などが風病から区別されていく。それでもなお実体のはっきりしない病のひとつとして半身不随、言語障害、痙攣《けいれん》を起こすものと風邪症状を示すものが中風という表現の下に残った。ちなみに中風の中は当たるという意味である。ところが、現在いうところの脳梗塞や脳出血を思わせる症状を前面に出して説明されることが多かったため、いつのまにか中風は脳卒中だけを指すものと狭義に解釈されてこんにちに至った。著者が考えるに北斎の罹《かか》ったのはおそらく感冒、いまでいうインフルエンザだったのだろう。それなら、柚子湯を飲んで治したという伝聞も無理なく納得できる。

『富嶽三十六景』を描いたのちも絵画三昧の日々は数え九十歳（満八十八歳）まで続き、一八四九年（嘉永二年）に浅草の長屋で希代の絵師は天寿を全うする。「あと十年長生きできれば、いや五年でよい。さすれば真の画工となれるのだが」（著者意訳）が最期のことばであったと伝えられる。

探検家——一寸先は闇

スコット（一八六八〜一九一二年）
アムンゼン（一八七二〜一九二八年）

『偉人たちの生と死のカルテ』は原則として各界一名を対象に話題を提供してきた。それぞれの偉人を唯一に絞るのはむつかしいし、話題ひとつでは貧弱になりはしないかと危ぶんだからである。しかし、探検家となると事情が少し違って、迷いなく二名を採り上げる気になる。あまりに対照的な結末を迎えたことで有名なふたりの人物がいるからである。ひとりは最初に南極点を踏破して母国に凱旋したロアール・エンゲルブレクト・グラーブニング・アムンゼン、もうひとりはほんの僅かな差で先陣争いに敗れたうえに帰途で命を落とすロバート・ファルコン・スコットである。

スコットは一九〇一年から一九〇四年にかけて実施した第一次南極探検の経験をもとに一九一〇年にいよいよ極点到達を目標として第二次南極探検を開始する。一九〇七年には同じイギリス人のシャックルトンが南緯八十八度二十三分まで踏破していた。また、領土争いの意味合いからイギリスのみならず、ドイツ、ノルウェー、アメリカ、そして日本も南極探検を計画しており、スコットはなんとしても先んじて極点まで到達しようとする使命感に溢れていた。

海軍を退役したうえで資金集めに奔走し、準備の整った一九一〇年六月一日、スコットは乗組員たちとともにロンドンを出港する。三本マスト百八十七フィートのテラ・ノバ号は、ケープタウンからニュージーランドを経由して翌一九一一年一月四日に南極大陸北西端のマクマード湾に到着する。基地の設営とあらかじめ食料や機材を蓄えておくいくつかのデポ（食料貯蔵所）の設置に冬（南半球の）を挟んで十ヵ月ほどを費やし、十一月一日いよいよ極点めざして岬を出発する。

先遣隊を含めて総勢十二名のスコット隊は積雪が強風にあおられて硬く溝のように掘られ波状となった氷雪のなかを氷河の裂けたクレバスを避けながら極点めざして進んだ。

一方、アムンゼンらは一九一〇年六月七日に母国ノルウェーを発つ。アムンゼンは探検の費用を集めるための主旨を北極点の制覇としていた。乗組員たちもそこをめざしての航海だと信じていた。しかし、最後の寄港地をあとにした九月九日、彼らは「目的地は南極である」と告げられる。出発の前年に北極点はアメリカ人ピアリーによって踏破されてしまったことがアムンゼンの夢の目的地を正に百八十度転換させていたのである。計画変更を事前に知らされていたのは乗組員ではフラム号船長だけであったという。

三本マスト全長百二十八フィートのフラム号は南極大陸に向けて帆を進め、一九一一年一月十四日にホエール湾岸に到着する。そこはスコット隊が基地としたマクマード湾岸の東方に位置し、極点までの距離は百キロメートルほど短かった。約九ヵ月をかけて基地の設営や予想される極点への道程の途中にいくつかのデポを設置し終わると、十月十九日にホエール湾岸からアムンゼン（三十九歳）を筆頭に、ハンセン（税関職員、四十一歳）、ウィスチング（料理人、四十歳）、ハッセル（税関職員、三十五歳）、ビアーランド（スキー製作職人、三十八歳）の五名が極点をめざして出発する。

彼らは十三頭ずつの犬を繋《つな》いだ四台のソリとともに千二百九十キロメートルに及ぶ雪原を進

んだ。そして十二月十四日、ついに南極点に到達する。その日は彼らの来訪を祝うかのように朝から快晴であったという。

そのころ、スコットたちはまだ往路千四百五十キロメートルの半ばにいた。十二月二十二日に南緯八十五度十五分で第一帰還隊四名が、年を越した一九一二年一月四日に南緯八十七度三十二分で第二帰還隊三名が離れるとスコット（海軍大佐、四十三歳）以下ウィルソン（医師にして画家、三十九歳）、ボワーズ（インド海軍少佐、二十八歳）、オーツス（騎兵大尉、三十二歳）、エバンス（海軍下士官、三十七歳）が南進を続けた。一行は期せずしてアムンゼン隊と同じ五名となった。運搬用に用意していた馬（ポニー）ソリと犬（シベリア犬）ソリは帰還隊に預け、彼らはテント、食料、燃料、観測機材を積んだソリを人力で曳《ひ》きながら氷点下三十度を越す極寒のなかを進んだ。

一月十六日、スコットたちはいよいよ極点まで目と鼻の先二十五キロメートルほどに迫ったところで前人未到のはずの行く手にソリ、スキー、犬の足跡を発見する。傍らには不要になったと思われる木材にくくりつけられたノルウェー旗が綻《ほころ》びはためいていたが、それがなくても彼らには雪原に刻まれた跡の意味は容易に理解できた。南極への先陣争いに敗れたのである。

スコットはアムンゼンと南極制覇の雌雄を決する途上にあることを承知していた。彼は南極大陸へ航海の途中メルボルンに寄港した折にアムンゼンから南極探検を予告する電報を受けとる。また、スコットたちを運び終わって帰途についたテラ・ノバ号はホエール湾に停泊するアムンゼンのフラム号に遭遇し、その模様はほどなくスコットに知らされる。ひょっとして遅れをとるのではないかと不安を抱きながらスコットたちは行進していたのである。そして、その危惧は現実のものとなってしまった。

翌日の一九一二年一月十七日、スコットたちはアムンゼンから三十四日遅れで南極点に到達する。そこにはノルウェー国旗とフラム号の旗を立てた小さなテントがあった。なかには帰途には不要となった備品のほか、ノルウェー国王宛ての手紙も残されていた。それにはもし自分(アムンゼン)たちが無事に戻れなかったときには極点制覇の証《あかし》として手紙を持ち帰ってほしいというスコット宛のメモが添えられていた。

スコットたちの帰路は折れたこころを凍りつかせるかのような無情に吹きすさぶ風雪のなかをただひたすら北進するものであった。全員が鼻や頬に凍傷を起こし、エバンスはソリの修理中に負った指の傷が化膿し始め、オーツスは両足が凍傷の悪化でひどく腫れ、ウィルソンは雪盲《せつもう》(雪眼炎《せつがんえん》ともいい、雪面から反射された紫外線によって角膜に炎症が起こる)になる。デポから次のデポまで辿《たど》り着く行程も予想以上に日にちを要し、食料と燃料を確保できない五名の体力は次第に消耗していった。

スキーを使用せずに徒歩で隊列に加わって最も消耗の激しかったエバンスは二月十七日に息をひきとる。死期を悟ったオーツスは三月一一日に吹雪のなかへ「ちょっと(テントの外へ)出てくる」といったまま戻らなかった。三月二十一日からは激しいブリザードが八日間も続き、零下四十度のなかスコットらはテントから一歩も外に出ることができなかった。スコットの記録は三月二十九日の「神よ、われらの家族をお守りください」の一文を最後に途絶える。岬の基地まで残り百八十三キロメートルの地点であった。狭いテントに寄り添って横たわるスコット、ウィルソン、ボワーズ三名の遺体はおよそ八ヵ月後の一九一二年十一月十二日に捜索隊によって発見される。

ヒトが正常に活動するためには細胞内にあって生命活動の担い手となる酵素がうまく働かなくてはいけない。そのために体温は三十六度前後に保たれる必要があり、摂取した栄養（糖質、脂質、タンパク質）の分解と酸化がエネルギーを産生してそれが可能になる。栄養不足でエネルギーの産生が不十分であったり、極度な低温によって熱が奪われたりして、身体の内部の温度（具体的には直腸温）が三十五度以下になった状態を低体温症と呼ぶ。疲労感や思考力の低下から始まり、三十四度ていどになると心臓の機能が低下して脈が遅くなり（徐脈）、三十二度あたりから意識が混濁しはじめ、三十度ほどになると心臓が痙攣《けいれん》（心房細動《しんぼうさいどう》）、さらに低下すると全身の血液循環が滞って死に至る。スコットたちはこれらの経過を辿って永遠の眠りに就いた。

彼らの消耗が早かったのは壊血病に罹《かか》っていたかもしれないとの指摘もある。中学の理科で教わるので読者も憶えがあると思うが、壊血病はビタミンCの欠乏による疾病である。ビタミンCは皮膚のすぐ奥にある結合組織を構成するコラーゲン（膠原線維《こうげんせんい》）の形成を促す作用をもつ。「ビタミンCでお肌に潤いを」などと宣伝される所以《ゆえん》である。ビタミンCが欠乏するとコラーゲンの形成が阻害され、深刻な場合には皮膚や胃腸から出血を起こす。凍瘡《とうそう》などの傷も治りにくくなる。おおかたの哺乳類はビタミンCをみずから生成できるので壊血病とは縁遠いが、サルやヒトは進化の過程でその能力を失ってしまったため必要に応じて外から摂取しなければならない。アムンゼンには一九〇三年から一九〇四年にかけてカナダ北部に越冬したときに現地イヌイットとの交流から得た経験的な知識があり、果物や野菜の確保が困難な南極遠征中には適宜アザラシの生肉を食べてビタミンC不足を予防していた。しかし、スコットたちにはそのような知識が乏しく、第二帰還隊の隊長が壊血病のために基地までソリで運ばれるといった事態も起きていた。

スコットたちが意気阻喪の帰路に就いて間もない一九一二年一月二十五日、アムンゼンたちは全員元気でフラムハイムの基地に帰還する。

何がスコットとアムンゼンの勝敗を分けたのだろうか。これについては諸家がいろいろな理由を指摘している。スコット隊の立場からすると次のような点が不利に働いたのではないかといわれる。まず行程自体がアムンゼン隊より長いうえに起伏に富んでいた。用意していた雪上車やポニーが役に立たず、イヌの扱いにも慣れておらず、結局は徒歩での行進を余儀なくされた。寒波に加え、しばしばブリザードに見舞われるなど天候に恵まれなかった。防寒服が毛皮ではなく皮革であったために防水性を発揮できなかった。当初の計画では最終隊は四名であったものを急遽エバンスを加えた五名に変更したために食料が不足した。デポに置いた燃料が保管法の不備で相当量失われていた。アムンゼン隊の側から見れば、これらの反対の理由が勝利に結びついたといえる。

以上のほかにもうひとつ基本的な理由が存在していたとする意見がある。それは両者の動機の違いである。アムンゼンは幼いころから極地探検を夢見ていて、同国人のフルチョフ・ナンセンによる一八八九年のグリーンランド横断の成功に触発され、十代後半で探検家として生きようと決意する。いったんは母親の意向に沿って医師をめざすが、二十一歳で母を亡くすと大学を中退して船乗りの道を進む。これに対してスコットは軍人としてそれなりの地歩を築いたのち、以前から南極の制覇を計画していた王立地理学協会の大物クレメンツ・マーカム卿との関係から探検の道に足を踏み入れる。みずからの意志というよりは軍人としての義務感から探検家となった嫌いがある。スコットの情熱が足りなかったなどと批評するつもりは毫《ごう》もないが、使命感よりもアムンゼンの探求心のほうが予測のつかない危険を孕《はら》む探検には向いていたのかもしれない。

理由はともかくも、未知の極点への先陣争いはふたりの人生の明暗を鮮明にしたのである。ここで話を終わってもよさそうだが、もう少し続ける。

アムンゼンは南極点制覇以降も北極海漂流探検や飛行船による北極海横断を試みる。そして南極到達から十六年余経った一九二八年六月十八日、飛行船で北極に向かったイタリア人探検家の遭難の報に接した彼はイタリア政府の反対を押し切って捜索のためにノルウェー北岸から北極海に飛び立つ。幸運にも探検家は六月二十四日に救出されるが、アムンゼンは離陸したまま消息を断ち、再び祖国の土を踏むことはなかった。

天才――驚異と奇跡

アインシュタイン（一八七九～一九五五年）
ニュートン（一六四二～一七二七年）

地球は宇宙に浮かんでいて太陽を中心にした軌道を三百六十五日強かけて一周しながら時を刻んでいく。その宇宙という空間や流れていく時間はどんな事態になっても変化することのない絶対的な存在であるとニュートンは考えた。高校で習った力学や万有引力の法則はその前提で導き出されている。ところが、空間や時間は絶対的ではなく、事情によって変化するものだという。それは簡単にいうと以下のようなことらしい。

速い速度で進むと時間の進み方が遅くなる。動いているものは止まっているときよりも長さが短くなり、質量（重さのようなもの）は大きくなる。物質が存在するとそのまわりの空間が曲がる。空間が曲がると光もまっすぐには進めなくなって曲がってしまう。凡人にはどうにも納得できないのだが、実際はそのような法則に操られた世界にわれわれは生きているのが本当らしい。そんな不思議な法則を明確なかたちにまとめあげたのはほかならぬアルベルト・アインシュタインである。

彼は一八七九年にドイツ南西部の都市ウルムに生まれる。十歳で小学校を卒業するとドイツのミュンヘンにあるギムナジウム（八年制の中高一貫教育施設）に入学するが、型にはまった堅苦しい学風になじめずに精神衰弱という診断書を提出して中途退学する。事業（電気設備の装置製造所）の不振でイタリアのミラノに移住していた両親のもとに合流したのち、十六歳でスイス（アーラウ）のギムナジウムに編入する。

アーラウでの教育はミュンヘンのそれと異なる自由な気風の下で行われており、深い思考がとりわけ必要な数学や物理に興味を抱いていたアインシュタインにとって居心地のよいものであったようだ。彼はのちに発表する相対性理論に関してこのころに「もし自分が光と同じ速さで並んで走ったら光は止まって見えるのだろうか」と空想したのがきっかけで生まれたと述懐している。ギムナジウムを修了するとスイス連邦工科大学（チューリッヒ）に入学する。ここでハンガリーから来ていた女学生ミレバ・マリッチと知り合う。彼女とは一九〇三年に最初の結婚をすることになる。

一九〇〇年に大学を卒業したアインシュタインはスイスの特許局に仮採用の技術吏員（一九〇四年に本採用）として職を得る。得意な物理の才能を生かすにはそのまま大学に残るとか他の学校の教職員に就くのが望ましいのは当時もいまと同じであったが、彼はドイツ生まれでもユダヤ人であったことやスイスに移ってからまだ日が浅かったことが不利に働いたらしい。しかし、申請された考案が特許に値するか否を事前に審査して書類上にその内容を明確にするよう指導するという特許局の仕事が彼に具《そな》わった諸現象を理論的に整理して収束させる能力を損なわせることはなかった。一九〇五年、二十六歳の彼は学会誌に「光量子説」「分子の大きさの決定法」「ブラウン運動」「特殊相対性理論」「質量とエネルギー」と都合五篇の論文を矢継ぎ早に発表する。

一九〇五年（明治三十八年）はのちに物理学における「奇跡の年」と評されるように、いずれの論文も物理学を劇的に進歩させる内容であった。いったいどんな内容なのか読者も興味あると思う。市井《しせい》の医師には荷が重過ぎるが、いきがかり上なので勇気を出してできる範囲で説明してみる。

最初の論文は「光は波の性質をもちながら粒子でもある」、第二と第三は「原子や分子の存在を明確にした」、第四は「空間と時間は絶対不変ではない」、第五は「質量も相対的なもので、エネルギーと等価である」を結論とする。第四と第五の説は光の速度（秒速三十万キロ、一秒間に地球七廻り半）はどのような条件でも一定不変のもので、それ以上の速度で移動するもののないことを前提として築かれた理論である。第五の理論から導かれた $E=mc^2$（E：エネルギー、m：質量、c：光の速度）の数式は読者もきっとどこかで目にしたことがあると思うが、光の速度は絶大なので大した質量でないものでも実は膨大なエネルギーを内に秘めていることを示している。放射性物質を擁したせいぜい数トンの爆弾が一度の爆発で広島や長崎のほぼ全域を無に帰したのはこの式に裏づけられたできごとだった。一九四五年広島への原爆投下を知ったアインシュタインは「O weh（ドイツ語の感投詞で『ああなんということだ』のような意味）」と叫び、悲嘆にくれたと伝えられている。

特許局のいち職員にすぎない人物が発表した理論の数々は学会を瞠目させるに十分であった。彼は一九〇九年にチューリッヒ大学の准教授、一九一〇年にプラハ大学（チェコスロバキア）、一九一一年には母校でもあるスイス連邦工科大学の教授に迎えられる。一九一三年にプロシア科学アカデミーの会員に推挙され、翌年にはベルリン大学の教授職につく。

一九一五年から一九一六年にかけて一般相対性理論を発表する。奇跡の年に発表した特殊相対性理論は重力場にない（重力に影響されない）特殊な場合を想定しており、それを重力場にある場合を含めた普遍的な理論に発展させたのである。この理論によれば重力によって空間が歪むと光も直進できずに曲がることになる。彼は皆既日食を利用すれば太陽のそばを通過する光が重力の影響を受けて偏倚《へんい》する現象を輝きに邪魔されずに捉《とら》えられるだろうと予言した。

イギリスの天文学者エディントンらはその真偽を確かめるべくアフリカとブラジルの二箇所に調査団を送り、一九一九年五月二十九日の皆既日食の機会を捉えて遥かかなたの恒星を観測した。すると、本来は太陽の後方にあって隠されているはずの恒星が月の影に覆われた太陽の脇に光って見えたのである。一九一四年に勃発した第一次世界大戦がドイツ帝国の敗北というかたちで修了した直後のことであった。イギリスの学者が母国の生んだニュートンの学説を凌駕する理論、それも敵国であったドイツの学者の唱える理論の正しさを証明したのである。学問というのはこうでなくてはいけない。一般相対性理論は宇宙空間の膨張やブラックホールの存在といったその後の宇宙論の発展にも繫《つな》がっていく。

「光が重力によって曲がる」というニュースは瞬く間に世界を駆け巡り、アインシュタインは学界のみならず、一般大衆にも天才的な学者としてその名が知れ渡る。各国の招きでヨーロッパの各地、アメリカ、一九二二年（大正十一年）には日本にも立ち寄り、望みに応じて講演をこなした。彼が神戸港をめざす船上にあったころ、スウェーデンの科学アカデミーは彼に対するノーベル物理学賞の授与を発表する。

筋肉や靭帯の脆弱《ぜいじゃく》さに関係する扁平足や下腿の静脈瘤《じょうみゃくりゅう》があるとした診断書が通用して兵役を免除されるといった経歴もあるほどで、決して頑強とはいえないアインシュタインは名声を得るほどに多忙な日々を余儀なくされる。一九一五年末ごろには友人らへの手紙に「仕事には満足しているが、かなり疲れ果てた」、一九一七年初めには「肝臓病のためにきびしい食事療法を強いられている」と綴っている。その年の末には「食事療法を続けても痛みが襲ってこないという確証はない」「胃潰瘍《いかいよう》を患っているのがはっきりした」、年を越した一九一八年の春には「バイオリンを一時間ひいたらひどい発作を起こし」、翌月には「黄疸《おうだん》で床についた」と書き送っている。

これらの記述のうちで「肝臓病」や「胃潰瘍」はアインシュタイン自身の主観で発言している嫌いがあって、医学的な詮索にもっとも役立つのは「黄疸」である。黄疸は赤血球中にあって酸素を運ぶ血色素（ヘモグロビン）が分解されてできるビリルビンが皮膚や粘膜に溜って黄色くなる状態のことである。ビリルビンは肝臓で処理され、胆嚢《たんのう》で濃縮されて胆汁となり、総《そう》胆管《たんかん》を経て十二指腸に送られて便中に排出される。肝臓の働きが悪かったり、胆嚢や総胆管に異常があるとビリルビンが血中に残ってしまって黄疸が出現する。

「ひどい発作」は素直に推測すれば突然の腹痛のことだろう。黄疸と激しい腹痛の組み合わせから、まず思い浮かぶ疾患は胆石症である。肝炎などの「肝臓病」も黄疸の原因になるが、ふつう腹痛はそんなに激しくない。胃潰瘍は胆石症と似た部位の腹痛を起こすが、黄疸を出現させることはない。常識的に考えれば彼の苦しんだのは胆石症のように思われるのだが、中年以降に多い疾患なので三十歳代半ばで発症というのは少し早すぎる。実は、このとき彼の罹《かか》っていたのは肝炎で、腹痛は自身がいうように胃潰瘍であった可能性が高い。なぜそうなのかはあとで説明する。

アインシュタインはベルリン大学の教授就任にあたって一九一四年にチュリッヒからドイツに転居する。このとき、妻ミレバとふたりの男の子もいったんは行動をともにするが、年内に彼らはチューリッヒに戻ってしまう。ミレバとの不仲が原因であった。息子たちを見送って停車場から帰るアインシュタインは涙したという。

独身用のアパート生活が始まり、前述のごとく健康を損なう彼は母方の従姉で父方の又従姉にあたる幼なじみのエルザ・アインシュタイン・レーベンタールの支えによって研究を続けることになる。彼女とはミレバとの離婚が成立すると一九一九年に再婚する。アインシュタイン四十歳、エルザ四十三歳。ちょうど皆既日食の観察によって光の屈曲が証明された直後のことであった。

第一次世界大戦に敗れたドイツは一九一九年にワイマール憲法を制定して平和国家の道を模索する。しかし、多額の賠償金の支払いによって経済は疲弊し、利害の錯綜による小政党の乱立で政局は不安定さを増すばかりであった。そこに一九二九年十月ニューヨークのウォール街での株価大暴落に始まる世界恐慌が追い打ちをかける。社会不安はアドルフ・ヒトラー率いる国家社会主義ドイツ労働者党（ナチス）の出現を招く。一九三二年にナチスは議会における第一党の地位を占め、一九三四年からは独裁体制を敷く。国民の不満の捌け口《はけぐち》としてとられた国粋主義は徐々にユダヤ人の迫害へと進んでいくことになる。

ユダヤ人であるアインシュタインもその渦に巻き込まれ、ベルリンでの生活は次第に辛いものになっていく。一九三〇年にカリフォルニア工科大学の客員教授に迎えられると、アメリカとベルリンでの生活が半々となり、一九三三年にはニュージャージー州のプリンストン高級研究所の教授の職に就いて、翌年からはエルザとともに市内に居を構える。

天の摂理に数式をもって迫った希代の物理学者は求められるままに各国の元首との交流、著名人との会談、国際連盟への協力、ガンジーらとともに平和活動、イスラエル建国への協力、アメリカの原爆開発への関与など、文化的および政治的に寸暇のない生活が続く。そんななか、第二次世界大戦を挟んで彼はしばしば腹痛を訴える。心臓の肥大を指摘され、そのつど医師からは節煙を心がけて休養するように進言されるのだが、一九四八年の末にまたしても激しい腹痛に襲われる。

ブルックリンの病院に運び込まれたアインシュタインは開腹手術を受ける。前述したように彼には胆石症を疑う既往があり、執刀医たちもそのような病変が見つかると考えていたようだ。ところが、結石のあるべき胆嚢に異常はなく、かわりに肝臓が正常よりも縮んでいた。また、腹部の大動脈が硬化して一部に膨らみ（腹部大動脈瘤）が認められた。動脈瘤は腎動脈のそばにあって根治的な処置はできず、網で被覆する策がとられた。

このように、三十代半ばに彼の悩まされていたのは胆石症やそれに合併する胆嚢炎ではなく、肝炎であったと考えられる。当時の医学ではまだB型肝炎とかC型肝炎といった区別はなされていなかったが、もしそのような肝炎であったとすれば、年月の経過とともに肝臓が肝硬変《かんこうへん》に移行して縮んでいてもおかしくない。しかし、まえにも言及したように肝炎が激しい痛みを起こすことは稀である。おそらく、彼自身が手紙で「はっきりした」といっているとおりに胃潰瘍を合併していたのだろう。

この開腹術の七年後の一九五五年四月十三日、アインシュタインの腹部大動脈瘤は破裂する。プリンストン病院に入院し、同月十八日の深夜に七十六年間の生涯を閉じる。その間、手術を勧める医師に「私は人工的に生命を引き延ばすことの価値を信じていない」と語ったという。みずから物理の世界に招き入れた神の意志に従順であろうとしたのだろうか。

天才の死は世界に発信される。昭和三十年四月十九日の朝日新聞と日本経済新聞のAP電発の報を見るとそれぞれ「タンノウ炎」「胆のう炎」のため死亡とある。アメリカの通信社であるAP電がなぜ死因を間違えたのか。おそらく、誰かから胆石症の疑われた病歴を聴き出し、取材不足のまま早合点して発信してしまったのだろう。

アインシュタインの遺体は火葬ののち散骨された。しかし、その遺灰の成分に脳とふたつの眼球は含まれていなかった。解剖に付されたときに取り出されてしまった。それらを研究すれば天才の所以《ゆえん》がわかると思ったふたりの医師がほとんど無断でホルマリン瓶に納めたのである。数個の瓶がその後に辿《たど》る遍歴はまたひとつの長い物語になるので閑話休題。

アインシュタインは一九二一年のアメリカからの帰路に際してロンドンに立ち寄り、ウェストミンスター寺院のニュートンの墓に詣でる。彼にとってニュートンは最も尊敬する科学者のひとりであった。

アイザック・ニュートンは十七世紀の人である。一六六六～一六六七年（江戸時代初期、寛文六～七年）にかけて力学（慣性、加速度、作用反作用などの法則）、万有引力の法則、微積分といった現代では高校で教わる物理および数学の基礎となる理論を構築する。光が異なる波長の集まりであることを示したのも彼の業績である。この年は当時の詩人がその著書で評したことから「驚異の年」と呼ばれるようになる。一九〇五年がアインシュタインの起こした「奇跡の年」といわれるようになったのはこれに倣《なら》ったからである。

ニュートンは一六四二年にケンブリッジの北に位置する村の小地主の第一子として生まれる。父親は彼の生まれる三ヵ月前に亡くなるため、母親はニュートンが三歳になったばかりのころ、すでに六十を過ぎた初婚の司祭と再婚する。男は連れ子を拒んだようで、ニュートンは祖母の下に預けられる。母と司祭のあいだには三人の異父妹弟が生まれ、ひとりニュートンは母の愛情を身近に感じられない寂しい幼少期を過ごした。

一六五五年に地元のグラマー・スクールに入学。一六六一年に雑用の奉仕を条件に免費生としてケンブリッジ大学トリニティ・カレッジに入学を許可される。卒業後は研究生として残り「驚異の年」を迎える。天才ニュートンの誕生である。

一六六九年には二十六歳で母校トリニティ・カレッジの教授職に推薦される。そのとき、ニュートンは教授就任に必要とされていた聖職者の資格を取ろうとせず、就任後も一貫してその原則を無視し続けた。また、彼は生涯独身を貫き、家庭をもつことは一度もなかった。これらの行動の根底には母を奪った男への憎悪や女性に対する不信感があったのではないかといわれている。このあたり、常にそのまわりに女性の存在を見てとれるアインシュタインと対照的である。

ニュートンの人生には学問上の抗争がつきまとった。ロバート・フックとは万有引力発見について、ゴットフリート・ライプニッツとは微積分についてpriority（先取権）がどちらにあるかで争った。アインシュタインの活躍した二十世紀のように学会誌があるわけでなく、自説を披露するためには手稿を回覧したり、時間をかけて著書にまとめなければならず、先取権抗争はこの時代における必然といえるかもしれない。ただ、ニュートン自身の性格に由来する部分もあったようだ。どちらかというと時の流れに身を任せたアインシュタインと違って正義感が強く潔癖で、ものごとが拗《こじ》れると攻撃的な言動をとることも少なくなかったと伝えられる。

一六九三年のいっとき、食欲がなくなり、不眠に悩まされ、随所に友人たちが自分を非難している旨の被害妄想を思わせる内容の手紙を送るなど、精神の安定を欠くことがあったが、これ以外に大きな病に苦しむことはなく、健康面はアインシュタインより恵まれていた。一六九六年からは科学者としての偉大さを提げてイングランドの造幣局の監事、一六九九年からは長官となり八十四歳で亡くなるまで現役として活躍する。

人生の終焉を迎えようとしていた八十四歳のニュートンは同郷の医師であり古代史研究家でもあった若者に昔語りとして「庭のリンゴの木陰に坐って黙想していたとき、リンゴが落ちたことから重力に思い至った」と語る。それから二百五十年近くのときが過ぎてアインシュタインの登場となり、およそ三百五十年後の今日では星と星が引き合うその重力は空間が曲がるために起こる力だと説明されている。

発明家——栄光は焦燥とともに

ライト兄弟

兄・ウィルバー（一八六七〜一九一二年）

弟・オービル（一八七一〜一九四八年）

長らく地上から離れることなく生活してきた人類は一九六九年にアポロ十一号によって月に着陸した。二十一世紀になると無人ながら探査機を火星や遠く冥王星《めいおうせい》近くまで飛ばした。わが国の探査機は金星に近づいてその軌道を回っている（二〇一五年）という。天の摂理が許すかどうかは別の議論として、この勢いで行けばいずれ人類は地球以外に生活の場を見つけて歴史を紡いでいくことになるやもしれない。

宇宙への飛躍はロケットの開発によってなしえたのだが、重力に逆らって宙《そら》を移動するそもそもの行為は飛行機の発明に始まる。これに先立って気球による浮上が一七八三年にフランス人モンゴルフィエ兄弟によって実現されているが、これは空気の比重の差を利用したものであって、みずから考案した機構の力をもって地上を離れたとはいえない。飛行機の発明はおよそ四百万年もの長きにわたって地上でのみ営みを続けてきた人類の歴史を想えば数あるなかで特筆すべき発明だと思う。

ライト兄弟は牧師であるイギリス系の父とドイツ系の母のあいだに生まれた五人兄妹の三男ウィルバー・ライトーと四つ違いの四男オービル・ライトのことを指し、下には妹がいた。ウィルバーは一八六七年、オービルは一八七一年生まれである。母方の祖父は馬車作りの職人で、その影響もあってふたりは子供のころから手押し車を組み立てたり、雪そりを改良したり、凧《たこ》を作って飛ばしてみたりと、工作好きであった。家族、とくに母親はそれを温かく見守っていた。

弟オービルは高校に通いながら十四歳のころから印刷業を始める。そんな若者が事業を興すなどとは現代の感覚からすると理解しにくいかもしれないが、彼らの住むオハイオ州の田舎町デイトンの十九世紀は開拓時代の香りを残した社会であった。日本でも明治時代を想像すれば、義務教育を終えたばかりの子供が丁稚奉公するのは珍しくなかった。兄ウィルバーは週刊誌（ミニコミ紙のようなもの）の営業を職としていたので、一八八八年からふたりは印刷業の強みを生かして自分たちで編集した週刊誌を発行して稼ごうとする。幸か不幸かこの事業は日刊紙に移行しようとした段階で頓挫するため、一八九二年からふたりは印刷業に加えて当時流行りだした自転車の修理業を始める。祖父から受け継いだ器用さが幸いしてか、修理業は徐々に評判が高まり、自前のブランド名をつけた自転車の製造販売も手がけるようになる。

飛行機の発明にはこの自転車業の経験がものをいうことになる。空を飛ぶ器械を発想した者は十五世紀のダ・ヴィンチをはじめとして兄弟よりもまえにいくらもいたが、だいたいは机上の計画に終始する理論家であって、実際に物を作るという経験に乏しかった。兄弟はそこが違っていた。自転車業に職人として携わった経験が夢の実現に繋《つな》がった。裏を返せば、その経験があったからこそ飛行の夢を実現しようと志したといえるのかもしれない。では、兄弟はいつ空を飛ぼうと思い立ったのだろうか。

一八九六年の夏の終わり、オービルは腸チフスに罹《かか》る。腸チフスとは一～二週間の潜伏期を経て発熱、下痢または便秘、皮膚の発疹を主な症状とする感染症で、汚染された食物を介して小腸から侵入するチフス菌によって引き起こされる感染症である。現在なら抗生物質の投与によって治療できるが、当時は致死率も高く、ときどき世界各地で大流行する恐怖の病のひとつであった。

　運よくオービルは六週間ほどで回復するのだが、病床に臥せっている間にオットー・リリエンタールというドイツ人の死が報じられる。グライダーによる飛行を一八九一年に初めて成功させ、世界的に注目される人物であった。彼が十五メートルの小高い丘から跳ぶと折悪しく吹いた突風に煽《あお》られて墜落し、脊椎《せきつい》骨折で死亡したのである。そのニュースを兄ウィルバーはオービルの回復を待って語った。そして、リリエンタール亡きあと今度は自分たちが人類の夢に挑もうとしたのだと伝えられている。ただ、リリエンタールの死はオービルが病に伏せる直前のできごとで、この説は後日に都合よく脚色された逸話だとする説もある。

　ともかくも、兄弟はまず飛行に関する過去の文献や資料を集め、ヒトが飛ぶためにはどんな仕組みが必要なのか考えた。これまでに空を飛ぶ夢に人生をかけた人物の多くは鳥の羽ばたきを手本にして徒労の山を築いた。体重に比して腕力の劣るヒトに鳥の真似は望むべくもなく、ふたりはリリエンタールに倣《なら》って滑空の延長を飛行に繋げようとした。

　グライダーが滑空するためには向かい風が必要で、それによって翼に揚力が発生して上昇する。兄弟は滑走に必要な広さを確保でき、かつ適当な風の吹く場所を探した。条件を満たす地を居住地デイトンから千キロ余離れたノースカロライナ州のキティーホークの砂丘に見つけると、一九〇〇年九月初めから飛行実験にとりかかる。

最初は風を受けて数メートル上昇するのが精一杯ですぐに落下する始末であったが、七百回にも及ぶ試行錯誤を重ねるうち二百メートル近くを滑空できるようになる。現代の飛行機には主翼の後ろに補助翼、尾翼の後ろに昇降舵、垂直尾翼に方向舵が具えられている。補助翼は左右のバランスをとるためのもので、これがなくては安定した飛行は望めない。兄弟は主翼を上下二枚（複葉）とし、その捩《ねじ》れ具合を風向きに対応して変化させることで安定した滑空を可能にした。

風に煽られることなく一定の距離の滑空を実現した兄弟はいよいよ動力飛行に挑戦する。飛行に適した動力装置は軽くなくてはいけない。ふたりは十九世紀末にドイツのダイムラーやベンツらによって発明されたガソリンエンジンの利用を考え、その小型化したものを独自に組み立ててグライダーに装備する。

飛行実験開始から三年目の一九〇三年の十二月十四日、直列四気筒十二馬力のエンジンに左右二枚のプロペラを具えた翼長十二メートルの複葉機はウィルバーを乗せて十八メートルの滑走路から飛び立つ。フライヤー一号は三・五秒地上を離れて三十二メートルの距離を飛行する。ただ、滑走のために敷いたレールは斜面に沿って下降したもので、それは滑空に近かった。ふたりは機を修理し、木製の滑走路を平らな砂丘に敷きなおす。そして、三日後の十二月十七日の午前十時三十五分、ウィルバーに替わって弟オービルの操縦するフライヤー一号は滑走路を離れると穏やかに三メートルの高さまで上昇し、十二秒かけて三十七メートルを飛行する。人類が初めて引力に抵抗して自力で宙を飛んだ瞬間である。

人類史上の偉業はいまならマスコミがこぞって報道するところだろうが、兄弟の初飛行はふたりが証人として事前に招いた三人と近隣の住人を合わせたわずか五人が目撃しただけで、地方新聞に小さな記事が載るのは翌年のことであった。

改良を重ね、一九〇五年には十八メートルの上空を三十九分滞空して三十八・五キロメートルを飛行するまでになる。その間に兄弟は主翼の捩れや方向舵の機構を特許として確保しようと腐心する。また、みずからの成果を国家的な事業に発展させようと政府にも働きかける。しかし、田舎のいち自転車屋であるライト兄弟に対するアメリカ政府の反応は鈍く、その後の航空機の役割を考えると想像しにくいが、発明の重要性が理解されるのには年単位の時間がかかることになる。

そうこうするうちに、ふたりと同じように飛行を成功させる人物が幾人も現われ、特許の有効性を主張しても埒《らち》のあかない事態が繰り返されることになる、兄弟にとって栄光は次第に焦躁を伴うものとなっていく。

そんなころである。メアリー・マローンという女性が新聞紙上を賑わす。賄《まかな》い婦であった彼女の行く先々で腸チフスの患者が出るため、衛生局が調べるとどうやら彼女が伝染源らしいとわかる。一九〇〇年から一九〇七年にかけて彼女の媒介によって二十二人が感染して二名が死亡したとされる。彼女はチフス・メアリーというありがたくない綽名《あだな》を付けられ、ニューヨークの傍らを流れるイーストリバーに浮かぶ小さな島の粗末な小屋にひとり隔離される。三年後に解放されるが、その後にも勤め先で二十五人の患者が発生したため一九一五年に再び拘束され、彼女は一九三二年に脳卒中で倒れるまで島内に隔絶された生活を強いられる。感染症において発症しなくても保菌している者の存在がまだよく知られていない時代の悲劇として語りつがれている事件である。

チフス・メアリーがいっとき世間並みの生活を許されていたころの一九一二年五月初め、ウィルバーはかつてオービルも苦しんだ腸チフスに罹る。弟と妹の看病の甲斐もなく（兄弟は生涯独身であった）同月十五日にウィルバーはあっけなく四十五年間の人生に幕を引く。兄弟が夢に人生を掛けた十九世紀から二十世紀への移行期は下水の処理、飲み水の浄化、牛乳の殺菌などの方法が確立していないために腸チフスが流行して世間を脅かした時期であった。

ウィルバーの死はライト兄弟の死でもあった。オービルは一九一五年に長く固執した特許権を売却し、航空機事業の世界から引退する。そして、初飛行から四十五年を迎えようとする一九四八年、七十六歳の生涯を終える。

（番外）探偵――作者とともに去りぬ

シャーロック・ホームズ（一八五四～一九三〇年？）
金田一耕助（一九一三～一九八一年？）

シャーロック・ホームズは一八五四年一月六日に英国イングランド北部ヨークシャー地方の田舎地主の次男として生まれた。上には七歳違いの兄がいた。幼いころのことはよくわかっていないが、学生時代には卓越した推理力の片鱗を見せる。ある日、友人の父親を紹介された折に風体を観察しただけでその老紳士の覆い隠された過去を明確に言い当てるのである。老紳士はホームズに「……今までの探偵なんかあんたの前へ出たら、子供のようなもんじゃ。あんたはこれからこれで身をたてなさるんじゃな。これは世のなかというものをいくらか知っとる者のいうことじゃから、信用しなさってても間違いはない」という。もともと自らの才能に気づきはしていたものの、このことばがきっかけになって彼は探偵を生涯の仕事にしたのだといわれている。より詳しい事情を知りたいと思う読者はのちに巡り会うワトソンによる最初の回想録『グロリア・スコット号』に目を通されるとよい。

ホームズは大学を卒業すると一八七七年ごろロンドンに上京、大英博物館の近くに居を構えて私立探偵（private consulting detective）の看板を出す。一八八一年にはよき相棒となる医師ジョン・ワトソンと運命的な出会いを果たし、ベーカー街221番地Bにふたりで間借りして探偵稼業に専念する。人並みはずれた推理力を武器にしてホームズは次々に難事件を解決していき、その数はワトソンの回想録によるものを中心として公にされたものだけでも六十件におよぶ。それらの顚末《てんまつ》はわが国でも『緋色の研究』をはじめとする多くの翻訳本によって紹介されていて手近に知ることができる。

ベーカー街の探偵事務所は彼の功績を顕彰して現在も当時のまま保存されている。以前に著者も家族とともにここを訪れたことがある。事務所兼居間は日本風にいえば十五畳ほどの広さであっただろうか。入口を入ると左には暖炉が設《しつら》えられ、壁には記念写真やポートレイトが吊るされ、一部は本棚になっており、部屋の中心にはソファーが数脚並んでいた。窓際にはそれほど大きくはないアンティークな机がふたつ左右に配置され、ひとつにはフラスコ、試験管立て、天秤、各種の薬品瓶がところ狭しと並び、片隅にはパイプと灰皿も置かれていた。そして、もう一方の机には無造作に聴診器が載っていた。著者はまだ幼かった長男に「これはワトソンの物」と教えた。すると、Watsonという発音が理解できたとみえて、傍らにいた銀髪の老婦人がちらりとこちらを向いて微笑んだ。日本人でもそのていどの教養はあるといえればいいたくもあったのだが、老婦人にしてみれば自国の誇りをくすぐられてつい嬉しさを隠しきれなかったのであろう。ホームズの伝説は大英帝国の誇りなのである。

ホームズは六フィートを超える長身で痩せがた、髪は黒く、鼻は鷲鼻、角張った顎《あご》、瞳は灰色であったという。出立《いでた》ちについては外套《がいとう》に鹿撃ち帽が定番として広く知られているが、これは回想録などに添えられたシドニー・パジェットの手になる挿絵に影響されたもので、実際はツイードの上着にソフト帽といった英国紳士一般の装いで活躍するのが常であったらしい。十九世紀後半にはすでに写真技術が発明されていたので、実の姿が写ったガラス板のいくらかでも遺っていれば百聞一見に如《し》かずといくところ、よほどの写真嫌いであったらしくその類いは皆目発見されていない。

ホームズは愛煙家であった。推理を巡らせるときには決まってパイプを銜《くわ》え、ワトソンによれば一オンス（二十八グラム強）のきざみ煙草を一夜にして喫ってしまうこともあったという。

彼はコカインの常習者でもあった。コカインはコカの葉から抽出されるアルカロイド（ケシの実に含まれるモルヒネ、タバコの葉のニコチン、キナの皮のキニーネ、などと同じ仲間）という化合物で一八六〇年に発見された。吸煙や静脈注射によって摂取すると多幸感や高揚感をもたらす作用をもつ。麻薬のひとつであるから現代なら個人的趣味で使用するなど許されないのだが、ホームズは推理力を駆り立てられる難事件の依頼がないと、「どうもこのごろは気持が沈滞していけないよ」とつぶやきながら七％のコカイン液を左手首の静脈に注射していたという。一八四〇年には英国と清《しん》のあいだにアヘン戦争が起きていて、原因となったアヘン（主成分はモルヒネ）については健康を害する危険性を認識していた彼もコカインを同等とは気づいていなかった。ちなみに、モルヒネが発見されたのはコカインよりも旧《ふる》く一八〇五年のことである。

ワトソンは医師でもあったので「……精神はなるほど昂揚し、ひきたちもするだろうが、元来人工的な、病的な方法なんだから、組織変化の増進をきたして、結局はからだを弱くするばかりだ」と忠告する。その効き目があったのだろう。ホームズは一八八八年に『四つの署名』事件を解決するとコカインを卒業して嗜好はタバコだけに絞った。おかげで、コカインの長期使用による感情の鈍麻、社交性の変化、過剰な警戒心、対人関係に対する過敏性、不安感の増幅、判断力低下などの中毒症状が彼の身に起こることはなかった。また、喫煙による呼吸器障害に苦しんだという記録もない。

タバコを多量に吸い、コカインを注射するホームズは二十一世紀の日本人からするといくら名探偵でも不良外人の範疇《はんちゅう》に入るのだろう。しかし、常識は時代とともに変化していくもので、百五十年を遡って糾弾しても始まらない。霧に霞むロンドンはそんな時代にあったのだ。

一八九一年五月四日、『最後の事件』によってホームズは消息を絶つ。財産は「処分して兄に託した」などといった遺書ともとれる内容を含んだメモをワトソン宛に遺したこともあって、死を覚悟のうえで暗黒街の影の支配者と格闘に及んでスイスのアルプス麓の滝壺に転落したのではないかと噂されていた。ところが、三年後の一八九四年四月五日に突然ワトソンのまえに姿を現わす。『空家の冒険』によれば驚きのあまりワトソンはその場で気を失ってしまったという。市井の応援もあって、その後も数ある難事件を解決していきながら、思うところがあったのだろう。一九〇三年九月に起きた『這う男』事件が決着すると、南イングランドはサセックス州の英仏海峡を一望できる南斜面の高台にある別荘で読書と長年の夢であった養蜂に明け暮れる引退生活に入る。ホームズ四十九歳のことである。

悠々自適の生活に入ったホームズにいくら報酬が多額でも事件の依頼に応じることはなかった。それでも、第一次世界大戦の勃発により母国大英帝国とドイツの関係が悪化し始めた一九一四年にはときの政府の依頼に応えてドイツの諜報活動を頓挫させるべく活躍する。ホームズの有終を飾るこの事件は『最後の挨拶』として一九一七年に公表されている。そこには長年の友としてのワトソンの序文が添えられており、六十三歳になったホームズの近況について「彼はときどき起こるリウマチの発作のためにびっこをひくことを別にすれば、元気に生活している。サセックス州のイーストボーンから五マイルほどの地に小さな農場を確保して晴耕雨読の日々」とある。

リウマチとは運動器の疼痛を共通の症状とする疾患の総称であって、現代医学では関節リウマチ、全身性エリトマトーデス、変形性膝関節症、痛風などに分けられる。百年まえはそこまで細分化されていないのでワトソンがおおまかにリウマチとだけ表現しているのは止むをえないのだが、「ときどき起こる発作」とあるところから持続的に疼痛を起こす関節リウマチや膝関節症ではなく、痛風だったのではないかと著者は推測する。

痛風は血液中の尿酸が増加する（高尿酸血症）ためにその結晶が関節に析出して疼痛を起こすもので、西欧、とくにイギリス人やアメリカ人に多い。痛みは予告なく突然（発作的）に出現して一～二週間で消えるのが特徴で、六十～七十％は足の親指に起こる。痛みを庇《かば》おうとすればびっこをひくことになる。高尿酸血症はときに腎臓病の原因になることはあっても、ふつうはそれだけで生命が脅かされることはないので「元気にしている」という記述とも矛盾しない。

一九一七年以降のホームズの消息は一切公表されていない。いまも世界中にはシャーロキアンと呼ばれる熱烈なファンが大勢いて、あるものは思い入れのあまり彼はいまも健在で、変装の名人だから見つからないだけだと強弁する。ファンの気持ちは察するとしても寿命には限りがあるわけで、本当のところは一九三〇年七月七日に七十六歳で亡くなったのではないかと著者は考える。なぜなら、このときにコナン・ドイルは七十一歳でこの世を去ったからである。

遠く西洋の探偵だけを採りあげたのでは読者は不満かもしれないので、わが国についてもひとり選んでみる。江戸時代を探すと三河町の半七や銭形平次の名が浮かぶ。ただ、彼らは公的な役割を負った岡っ引きであって私立探偵とは少し違う。ホームズの活躍とときを同じくする明治には名を轟《とどろ》かせるような人物は出ていない。大正には明智小五郎がいて、昭和に入ると戦前戦後を通じて怪奇浪漫の世界に謎を解く金田一耕助の登場となる。

金田一耕助は大正二年（一九一三年）に東北に生まれる。青雲の志を抱いて十九歳で上京し、某私立大学に入学する。しかし、大学生活は現代にも似て期待はずれであったようで、一年も経たないうちに突然アメリカに旅立つ。ところが、国が違ったからといって何の技術も資格もないものが重宝がられるはずはなく、サンフランシスコ辺りを放浪するうち、彼は麻薬に手を出す。

戦後のわが国では混乱期に疲労回復剤としてヒロポン（俗称シャブ）という商品名の薬が流行って社会問題化したことがあった。これはメタアンフェタミンという人工的に合成されたアルカロイドで、幻覚作用をもち、連用によって依存性を示すことがわかり、一九五一年（昭和二十六年）からはアンフェタミンとともに覚醒剤取締法によって使用は厳しく規制されている。アメリカでは戦前も入手可能な薬品であったから、時期を考えると耕助が嵌《はま》ったのはこの種の薬物ではなかったのかと想像する。

ホームズがワトソンに忠告されたように耕助も久保銀蔵という在米の実業家に「どうだね。いい加減に麻薬と縁をきって、真面目に勉強する気はないかね」と諭され、アメリカのカレッジを卒業する。帰国後の昭和十年（一九三五年）には銀蔵の援助を得て東京に探偵事務所を開き、いよいよその才能を発揮し始める。

ホームズと耕助のいずれも若いころに麻薬の洗礼を受けているのは興味深い。ただの偶然なのか、それとも必ずしも正業とはいえない探偵を志す人物に共通する性癖に由来するのだろうか。ふたりは喫煙家であった点も共通している。耕助の場合は紙巻きタバコ、とくにホープ（銘柄名）が好みで、『犬神家の一族』によれば三十代半ばから時折「のどにからまる痰をきりながら」会話することもあったという。ホームズが幸いにして免れた慢性気管支炎に罹《かか》っていたのだろう。

耕助は昭和十二年の『本陣殺人事件』をかわきりに終戦直後の『獄門島』『八つ墓村』『犬神家の一族』など生涯を通じておよそ八十件の難事件を解き明かしていく。その多くは古い因習を纏《まと》った狂気との闘いであった。

絣《かすり》の単衣《ひとえ》に擦り切れた袴を付け、冬は二重回《にじゅうまわ》し（袖なしのコート）を羽織り、ちびた下駄を鳴らしながら、謎の闇のなかを駆け抜ける。読者もご存じのように、型くずれしたお釜帽の下は雀の巣と紛うもじゃもじゃの蓬髪《ほうはつ》である。事件の核心に迫ると耕助は決まってこれを無性にひっかきまわしながら思考を巡らせるのである。

　興奮すると頭髪を掻《か》きむしるのはなぜなのだろう。平生の挙動ではないのでアトピー性皮膚炎、脂漏性湿疹《しろうせいしっしん》、皮脂欠乏症《ひしけつぼうしょう》などといった病気が原因だとは考えにくい。では、どんな説明ができるのか。

　呼吸、循環、消化など生命の維持に欠かせない機能は交感神経と副交感神経という相対的な作用を及ぼすふたつの神経系によって調節されている。そこに刺激、たとえば精神に激しい衝撃が加わったりすると調節のバランスが崩れて交感神経の働きが優位となって脈拍増加、発汗、瞳孔散大など全身にいろいろな生理的な反応が起こる。頭皮では毛髪の根元にある立毛筋が収縮する。俗人がえもいわれぬ美人（美男）をまえにすると鳥肌が立ってぞくぞくするのはこのためである。伴って掻痒感《そうようかん》も現われる。耕助にとっては事件の謎解きがいよいよ核心に迫ったときが美人との遭遇のようなもので、雀の巣を掻きむしることになるのであろう。つまり、蓬髪を掻きまわすのは彼が生来の探偵である証といえる。

　昭和四十八年の春に長年の宿題であった『病院坂の首縊《くく》りの家』事件が解決すると耕助は全財産を整理して突如として姿を消す。アメリカ行きの航空機の乗客名簿にその名前が載っていたことから、第二の故郷である異国の地に渡ったと推測されている。三十六年間の探偵稼業を終えたのち、どんな生活が彼を待っていたのであろうか。消息は杳《よう》として知れない。生存中だとすると現在ほぼ百歳になるところなのだが、すでに鬼籍の人なのだろうと著者は思う。なぜなら、横溝正史は一九八一年（昭和五十六年）十二月二十八日に亡くなっているからである。ときに耕助は六十八歳であった。

あとがき

本書は二〇一一年から二〇一六年にかけて患者さん向けに作成したパンフレットに載せた「史的人物のカルテ」を加筆改稿したものである。校正のために改めて原稿を読み返してみると、ヒトの人生は時代を替えてもそれほど大きく変化するものではないことに気づかされる。時代とともに医学は進歩し、時代を代表する偉人たちの受けた診断や治療は現代とは異なる。しかし、彼らの喜びや哀しみは現代にも通じる。一見すると彼らの生きた時代背景も異なるようにみえるが、これも本質をみれば同工異曲である。歴史はヒトが紡いでいくのだから、当然といえば当然である。幸か不幸かヒトはＡＩ（人工知能）ほど容易に変化しない。日々の診療と同じように二十八名の偉人たちの病を診て、いまさらながらそんな自明の理に思いを新たにするのである。

なお、本書に上梓の機会を与えてくれた旧来の友である黎明書房社長・武馬久仁裕氏および編集を担当した都築康予氏にこの場を借りて感謝の意を表す。

辛うじて六十代の年

著者

主要参考文献

（作曲家）

・青木やよひ『ベートーヴェンの生涯』平凡社、二〇〇九年
・アントン・ノイマイヤー（村田千尋訳）『ベートーヴェン　シューベルト』東京書籍、一九九三年
・岡田晴恵『感染症は世界史を動かす』筑摩書房、二〇〇六年
・ジョルジョ・タボガ（谷口伊兵衛、G・ピアッザ訳）『撲殺されたモーツアルト　一七九一年の死因の真相』而立書房、二〇一一年
・ジョン・オシエー（菅野弘久訳）『音楽と病』法政大学出版局、一九九六年
・関清武『ベートーヴェンの会話帳』菅書店、一九四二年

（画家）

・朝日新聞日曜版「世界　名画の旅」取材班『世界名画の旅2　フランス編』『同5　ヨーロッパ北部編』朝日新聞社、一九八九年
・圀府寺司『ゴッホ』角川書店、二〇一〇年

主要参考文献

・丹治恆次郎『最後のゴーガン』みすず書房、二〇〇三年
・フランソワーズ・カシャン（高階秀爾監修）『ゴーギャン　私の中の野生』創元社、一九九二年
・三橋博監修『原色牧野和漢薬草大圖鑑』北隆館、一九八八年
・B・ダニエルソン（中村三郎訳）『タヒチのゴーギャン』美術公論社、一九八四年
・J・V・ゴッホ‐ボンゲル編（硲伊之助訳）『ゴッホの手紙』岩波書店、一九七〇年
・M・イン・デア・ベーク（徳田良仁訳）『真実のゴッホ　ある精神科医の考察』西村書店、一九九二年

（科学者）

・安斎育郎『図解雑学　放射線と放射能』ナツメ社、二〇一一年
・エーヴ・キュリー（川口篤ほか訳）『キュリー夫人伝』白水社、一九八八年
・衣笠達也『放射線物語　!と?の狭間で』医療科学社、二〇〇〇年
・齋藤勝裕『知っておきたい放射線の基礎知識』ソフトバンク　クリエイティブ、二〇一一年
・馬場錬成『ノーベル賞の一〇〇年　自然科学三賞でたどる科学史』中央公論社、二〇〇二年
・山崎岐男『孤高の科学者　W・C・レントゲン』医療科学社、一九九五年

（作家）

・石川淳『森鷗外』岩波書店、一九七八年
・小堀杏奴『晩年の父』岩波書店、一九八一年

・小宮豊隆『夏目漱石1〜3』岩波書店、一九五一年
・高橋昭男『新書で入門　漱石と鷗外』新潮社、二〇〇六年
・長與又郎「夏目漱石氏剖檢（標本供覽）」『日本消化機病學會雜誌』第十六巻第二號、一九一七年
・森鷗外『ヰタ・セクスアリス』新潮社、一九四九年

（映画スター）

・アンソニー・サマーズ（中田耕治訳）『女神─マリリン・モンロー〝永遠のスター〟の隠された私生活』サンケイ出版、一九八七年
・井上篤夫『追憶マリリン・モンロー』集英社、二〇〇一年
・亀井俊介『マリリン・モンロー』岩波書店、一九八七年
・ショーン・ヘップバーン・フェラー（実川元子訳）『AUDREY HEPBURN 母、オードリーのこと』竹書房、二〇〇四年
・融道男、中根允文、小見山実監訳『ICD‐10 精神および行動の障害─臨床記述と診断ガイドライン』医学書院、一九九三年
・バリー・パリス（永井淳訳）『オードリー・ヘップバーン物語』集英社、二〇〇一年
・山口路子『マリリン・モンローという生き方』新人物往来社、二〇一二年

（医学者）

・筑波常治『野口英世　名声に生きぬいた生涯』講談社、一九六九年
・中山茂『野口英世』朝日新聞社、一九八九年
・馬場練成『ノーベル賞の一〇〇年　自然科学三賞でたどる科学史』中央公論新社、二〇〇二年
・星亮一『野口英世の生きかた』筑摩書房、二〇〇四年

（俳人）

・饗庭孝男『芭蕉』集英社、二〇〇一年
・青木美智男『小林一茶　時代をよむ俳諧師』山川出版社、二〇一三年
・一茶同好會編『俳諧寺一茶』一茶同好會、一九一〇年
・井本農一『芭蕉―その人生と芸術』講談社、一九六八年
・加藤楸邨編『芭蕉の本・第二巻』角川書店、一九七八年
・金子兜太『小林一茶〈漂鳥〉の俳人』講談社、一九八〇年
・栗山理一『日本詩人選19　小林一茶』筑摩書房、一九七〇年
・小西甚一『俳句の世界』講談社、一九九五年
・宗左近『小林一茶』集英社、二〇〇〇年
・立川昭二『日本人の病歴』中央公論社、一九七六年
・萩原恭男校注『芭蕉書簡集』岩波書店、一九七六年

・山本健吉『芭蕉全発句』講談社、二〇一二年

(野球選手)

・久米元一『ベーブ＝ルース　やくそくのホームラン』講談社、一九八一年
・ベーブ・ルース（宮川毅訳）『ベーブ・ルース自伝』ベースボール・マガジン社、一九七三年
・レノア・ゲーリッグ、ジョセフ・ダーソー（宮川毅訳）『ルー・ゲーリッグ伝　ゲーリッグと私』ベースボール・マガジン社、一九七八年
・ロバート・クリーマー（宮川毅訳）『英雄ベーブ・ルースの内幕』恒文社、一九八二年

(英雄)

・カエサル（近山金次訳）『ガリア戦記』岩波書店、一九四二年
・桐生操『ナポレオンは殺された』ＰＨＰ研究所、二〇〇四年
・塩野七生『ローマ人の物語12　ユリウス・カエサル　ルビコン以後』新潮社、二〇〇四年
・島田誠『古代ローマの市民社会』山川出版社、一九九七年
・スエトニウス（国原吉之助訳）『ローマ皇帝伝』岩波書店、一九八六年
・船山信次『毒と薬の世界史　ソクラテス、錬金術、ドーピング』中央公論新社、二〇〇八年
・プルタルコス（村川堅太郎編）『プルタルコス英雄伝』筑摩書房、一九九六年
・毛利晶『カエサル　貴族仲間に嫌われた「英雄」』山川出版社、二〇一四年

・山崎幹夫『毒の話』中央公論新社、一九八五年

（漫画家）
・飯島虚心（鈴木重三校注）『葛飾北斎伝』岩波書店、一九九九年
・ダイアン・ディズニー・ミラー（ピート・マーティン文、上杉隼人訳）『私のパパ　ウォルト・ディズニー』講談社、二〇一一年
・中右瑛『北斎七つのナゾ　波乱万丈おもしろ人生』里文出版、二〇〇二年
・能登路雅子『ディズニーランドという聖地』岩波書店、一九九〇年
・服部敏良『日本史小百科20　医学』近藤出版社、一九八五年
・ボブ・トマス（玉置悦子、能登路雅子訳）『ウォルト・ディズニー　創造と冒険の生涯』講談社、一九八三年

（探検家）
・エドワール・カリック（新関岳雄、松谷健二共訳）『アムンゼン　極地探検家の栄光と悲劇』白水社、一九六七年
・チェリー・ガラード（加納一郎訳）『世界最悪の旅　スコット南極探検家』中央公論新社、二〇〇二年
・ピーター・ブレント（高橋泰邦訳）『スコット　南極の悲劇』草思社、一九七九年
・ロアルド・アムンゼン（谷口善也訳）『南極点征服』中央公論新社、二〇〇二年

・ローアル・アムンセン（中田修訳）『南極点』朝日新聞社、一九九四年

（天才）

・アブラハム・パイス（西島和彦監訳）『神は老獪にして… アインシュタインの人と学問』産業図書、一九八七年
・アリス・カラプリス編（林一訳）『アインシュタインは語る』大月書店、一九九七年
・ウィリアム・H・クロッパー（水谷淳訳）『物理学天才列伝』講談社、二〇〇九年
・佐藤勝彦監修『図解　相対性理論と量子論』PHP研究所、二〇〇六年
・島尾永康『ニュートン』岩波書店、一九七九年
・志村史夫『アインシュタイン丸かじり』新潮社、二〇〇七年
・デニス・ブライアン（鈴木主税訳）『アインシュタイン—天才が歩んだ愛すべき人生』三田出版会、一九九八年
・フィリップ・スティール（赤尾秀子訳）『アイザック・ニュートン』BL出版、二〇〇八年
・矢野健太郎『アインシュタイン伝』新潮社、一九九七年

（発明家）

・金森修『病魔という悪の物語　チフスのメアリー』筑摩書房、二〇〇六年
・佐賀亦男『不安定からの発想』講談社、二〇一〇年

・富塚清『ライト兄弟　大空への夢を実現した兄弟の物語』三樹書房、二〇〇三年
・三井誠『人類進化の七〇〇万年　書き換えられる「ヒトの起源」』講談社、二〇〇五年

（番外）探偵

・河村幹夫『シャーロック・ホームズの履歴書』講談社、一九八九年
・コナン・ドイル（延原謙訳）『シャーロック・ホームズの思い出』『シャーロック・ホームズの冒険』『シャーロック・ホームズ最後の挨拶』『シャーロック・ホームズの帰還』『シャーロック・ホームズの事件簿』『緋色の研究』『四つの署名』新潮社、一九五三年
・日本シャーロック・ホームズ・クラブ小林司・東山あかね編『シャーロック・ホームズ雑学百科』東京図書、一九八三年
・船山信次『毒と薬の世界史』中央公論新社、二〇〇八年
・横溝正史『八つ墓村』一九七一年、『犬神家の一族』一九七二年、『本陣殺人事件』一九七三年、『支那扇の女』一九七五年、『病院坂の首縊りの家　上下』一九七八年、角川書店
・Conan Doyle, "His Last & The Case book of Sherlock Holmes", Poket Penguin, 1981

著者紹介

古井倫士

1948 年愛知県生まれ。

脳神経外科医。エッセイスト。

主な著書

『頚動脈病変と頚動脈内膜剥離術』南山堂

『頚動脈内膜剥離術プラクティス』（共同執筆）ＭＣメディカ出版

『頭痛の話』中央公論新社

『読めば楽になる女性のための頭痛の話』黎明書房

『ロマンとアンチロマンの医学の歴史』黎明書房など

偉人《いじん》たちの生《せい》と死《し》のカルテ

2018 年 6 月 1 日　初版発行

著　者　古《ふる》井《い》倫《とも》士《お》

発行者　武馬久仁裕

印　刷　藤原印刷株式会社

製　本　協栄製本工業株式会社

発　行　所　株式会社　黎《れい》明《めい》書《しょ》房《ぼう》

〒460-0002　名古屋市中区丸の内 3-6-27　EBS ビル　☎ 052-962-3045

FAX 052-951-9065　振替・00880-1-59001

〒101-0047　東京連絡所・千代田区内神田 1-4-9　松苗ビル 4 階

☎ 03-3268-3470

落丁本・乱丁本はお取替します。

ISBN978-4-654-07662-8